U0299331

李春平　主编

一学就会的100个象棋实战技巧

演示解说版

化学工业出版社

·北京·

图书在版编目（CIP）数据

一学就会的100个象棋实战技巧：演示解说版/李春平主编. —北京：化学工业出版社，2022.10
ISBN 978-7-122-41751-0

Ⅰ.① 一… Ⅱ.① 李… Ⅲ.①中国象棋-基本知识 Ⅳ.①G891.2

中国版本图书馆CIP数据核字（2022）第110556号

责任编辑：张燕文　黄　滢
责任校对：刘曦阳　　　　　装帧设计：溢思视觉设计/程超

出版发行：化学工业出版社（北京市东城区青年湖南街13号　邮政编码100011）
印　　装：河北鑫兆源印刷有限公司
710mm×1000mm　1/32　印张12$\frac{3}{4}$　字数278千字
2024年10月北京第1版第1次印刷

购书咨询：010-64518888　　售后服务：010-64518899
网　　址：http://www.cip.com.cn
凡购买本书，如有缺损质量问题，本社销售中心负责调换。

定　　价：59.80元　　　　　　　　版权所有　违者必究

随着现代社会的发展，人们的生活水平不断提高，与此同时，人们越来越注重精神生活。奔波忙碌的人们，闲暇之时不禁思考起自己的价值观来，与其说时尚的生活是一种消费方式，不如把它当做是对待价值观的态度。

人生如棋，一着不慎，满盘皆输，所不同的是，人生不能像下棋一样再来一遍。因此，要让自己变得开心，就要懂得忙中偷闲，给自己一片休闲的天地。本书为大家介绍了100个象棋的实战技巧，希望大家在欣赏的同时有所收获。

说起象棋，众所周知，它是集科学、艺术、竞技三者为一体的一项智力体育项目，有着严密的科学性、精妙的艺术性和强烈的对抗性。通过下象棋，可以开发我们的智力，在培养我们逻辑思维的敏捷性的同时，更丰富了我们的文化生活。从象棋中，我们还会悟到很多人生的哲理，懂得怎样更好地去生活。

象棋子虽少，但其中的变化却是非常奥妙，实战引人入胜，颇受广大读者喜欢。其对弈条件简易,相对用时较短,少长皆宜,随处可见。学会下象棋,也是提高个人素养的一种方式。

本书从实际出发,通过象棋的三个阶段,即开局、中局和残局,分别为读者挑选了多种精彩的实例,通过细化的讲解,来提高大家在各个阶段的实战能力。同时,配有视频演示与解说。阅读本书,大家可以了解到更多的实战知识。知识要一点一滴地积累,象棋水平的提高也是一个道理,不是靠一两个绝招就可以制胜的。棋中并无绝招,因为所谓的"绝招"只是特定局面下的一种佳着,水平到了自然能发现,水平不到就无法模仿。

因水平所限,时间仓促,书中难免存在疏漏之处,恳请广大读者批评指正,在此表示衷心的感谢。

编者

目录

第一章
开局实战技巧

　　象棋的开局即行棋布阵，行棋双方按照一定的布局理论和原则，依据对方棋子的行棋方向和落点变化，灵活地调运子力布成攻防阵形，继而走成双方都能接受的局面。当双方的两翼车、马、炮基本出动时，即是开局阶段结束的标志。理论上讲，开局的任务就是"尽快出动子力，部署强大阵形"，不难看出，"尽快"和"强大"是两个重点。然而象棋的变化特殊，同一种走法在不同风格的棋手中，也会有不同的变化，其中还不算错、漏、软等，人们常说的"千变万化一局棋"就是这个道理。

　　俗话说，良好的开端是成功的一半，象棋的开局是为了给全盘打基础，其好坏影响到中局乃至全盘的优劣。因此，开局稍有不顺就很有可能让棋手下面的比赛变得困难乃至失败。所以对于开局，棋手们不能随随便便地乱走，必须是有针对性的。开局的着法有一定的规律性，误算往往会陷入被动，走错则容易掉入陷阱。因此，开局阶段对弈时，要提高自觉性，切忌盲目性和随意性。研究开局时，通过一定的实战体验，打谱学习，认真思索，慢慢感悟其中的规律。

　　本章精选了一些比较常用且精彩的开局实例，供读者欣赏和学习。

技巧1
顺炮横车对直车

　　顺炮，即顺手炮，指在第一回合，双方都顺向摆中炮（即炮二平五，炮8平5，或者炮八平五，炮2平5），立意对攻。

　　如图1-1所示，一局棋开始之前，其原始阵形的特点是：小兵在前，车、马、炮在后。开局要讲究出子的速度，因此，要部署一个有力的阵形，必须尽快地把强子开动出来。

　　如图1-2所示，黑方先高巡河车，继而补士进边马，与使用较广泛的马2进3走法有所区别，其战略意图主要是尽力将棋局的发展趋势纳入黑方所希望的局面中去。

　　如图1-3所示，此时黑方有三种着法可选，即车8平6、炮2进4、卒1进1，这里以第一种着法为例继续讲解。

　　如图1-4所示，红方挺七兵而活马，又可防黑方马1进2而踩车（因有车六进一邀兑），一举两得，是保持先手的一步好棋。

　　如图1-5所示，黑方若改走马1进2，车六进一，此时黑方有两种选择，一是走车6平4，马四进六，炮2进5，炮五平八，车1进1，马六退八，则红方活跃而占先；二是走车6进1，炮八进五，马2退3，车九平八，还是红方得先。

　　如图1-6所示，黑方若改走象7进5，则红方炮四平三，红方占先手；若是改走炮6进5，则红方炮九平四，红方亦占先手。

如图1-7所示，黑方若改走士5进6去炮，则红方马七退五，被红方抢先。

如图1-8所示，至此红方得先。接举一变：炮2进2，兵七进一，卒3进1，炮七平八，车2平3，后车平八，车1平2，车九进二，象3进1，车八进五，士5进4，炮九进五，红方占得优势进入中局。

1. 炮二平五　　炮8平5
2. 马二进三　　马8进7
3. 车一进一　　车9平8
4. 车一平六　　车8进4
5. 马八进七　　士6进5
6. 兵三进一
　　马2进1　　（图1-2）
7. 马三进四　（图1-3）
　　车8平6
8. 车六进三　　卒1进1

9. 兵七进一　（图1-4）
　　炮5平6　（图1-5）
10. 炮五平四　　车6平2
11. 车六进一　　车2进2
12. 炮八平九
　　车2平3　（图1-6）
13. 炮四进五
　　车3进1　（图1-7）
14. 炮四平七　　车3平2
15. 车六平九　（图1-8）

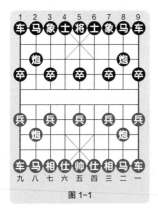

图1-1

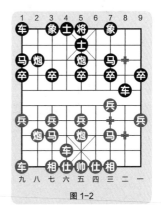

图1-2

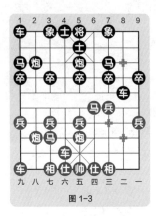

图 1-3

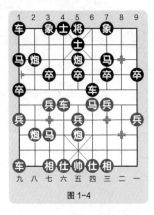

图 1-4

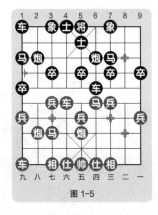

图 1-5

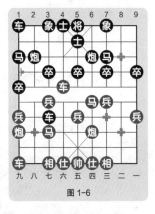

图 1-6

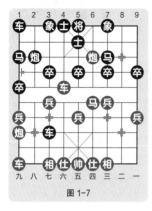

图 1-7

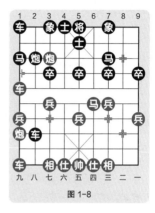

图 1-8

技巧2
顺炮直车对横车

如图1-9所示，黑方顺着先手当头炮活动的同一方向还击中炮。

如图1-10所示，红方跳马来出动子力。若是因贪吃黑卒而改走炮五进四，则黑方士4进5，马二进三，马8进7，炮五退二，车9平8，黑棋虽弃中卒，但有跳马捉炮的先手，再出动主力（车），这样红方会容易失先。

至此，枰面上已形成顺炮直车两头蛇（即两个马前兵都已挺起，象棋术语称之为"两头蛇"）对双横车正常布局（图1-11），红方仍持有先手。下面红方可有马三进四、士六进五、相七进九、炮八平九等多种选择，随即进入中局战斗。

1. 炮二平五
   炮8平5（图1-9）

2. 马二进三 （图1-10）
   马8进7

3. 车一平二　车9进1

4. 兵三进一　车9平4

5. 马八进七　马2进3

6. 兵七进一
   车1进1（图1-11）

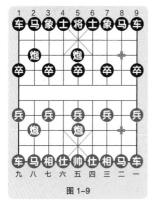

图 1-9

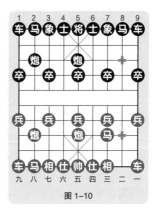

图 1-10

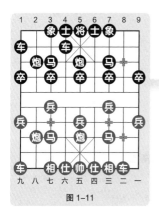

图 1-11

技巧3
当头炮对单提马

"当头炮"又称"中炮"，是指首着把二路炮或八路炮移到中路（即炮二平五或炮八平五，遥指对方九宫）。

"单提马"是指左右两马一个朝里跳，一个朝边路跳（即马2进3，马8进9，或者马8进7，马2进1），此布局偏重子力的连锁，因此素有"七宝连树"的雅称。单提马有左单提和右单提两种，实际对局中，以右单提马居多，棋手们对它的研究和认识也比较深刻，发现右单提马布局时，若能及早开出左横车过宫，则会形成我们通常所称的"半壁河山"的形势，此种形势防守稳固，攻守皆宜。

当头炮对单提马的布局可谓是历史悠久的，更有说法认为它是最早出现的布局之一。民间有句俗语：当头炮，把马跳。下面以实例说明。

如图1-12所示，当头炮对单提马公式化的四步棋已经走好。

如图1-13所示，单提马先进横车，没有先平士角炮，这在布局上有它的缺点，此时，红方应该如何应对？

如图1-14所示，红方以进七兵来攻击。

如图1-15所示，当黑方炮8平7时，红方拿什么来攻击呢？

如图1-16所示，黑方无论是平7路炮，还是平士角炮，红方都走炮八进四，其目的是针对黑方急进横车的弱点来布局。

如图1-17所示，黑方飞象乃属当然，也仅此一着。

如图1-18所示，红方进车抓炮，乃是布局之要点。

如图1-19所示，在让黑方进炮打兵之后，红方退车抓炮，如此抓来抓去，红方究竟有何目的呢？其实，下一着黑方无論是进炮吃相，还是退炮守巡河，红方都可达到通三路马的目的。红方在没有进车抓炮以前，自己的三路马因为黑方七路炮的威胁而出路不顺，因此选择进车抓炮通三路马，这虽是一个通三路马的手段，但红方要了解，如此一来必须要弃兵甚至弃相，只有弃兵、弃相之后，红方才有攻势，才能够用这种手段来通三路马。局面至此，黑方有两种着法可取，一是进炮取相，一是退炮防守，我们先看进炮取相的变化。

如图1-20所示，黑方选择进炮吃相，可以得到一个先手，这个先手，黑方选择走车9平6，如图1-21所示。

如图1-22所示，红方平炮而吃中兵，这也是布局的要点之一，因为红方要进左炮过河，就必须要先平炮吃中兵。

如图1-23所示，黑方士6进5，准备下一着将5平6，可成杀棋。

如图1-24所示，为了防止黑方平将，红方只好退车抓炮。

如图1-25所示，红方的二路车走了半天，还是回到了原来的位置，但也有收获，红方因此得到一个宝贵的先手。

如图1-26所示，此时若黑方进车抓炮，红方则不能跃马盘河，因为黑方藏有进炮打马的棋。

如图1-27所示，遇到跃马盘河这种棋，实战时一定要很小心，棋手往往会感觉跃马盘河是很平常的一着。

1. 炮二平五　马2进3
2. 马二进三
　马8进9（图1-12）
3. 车一平二
　车9进1（图1-13）
4. 兵七进一　（图1-14）
　炮8平7（图1-15）
5. 炮八进四　（图1-16）

　象3进5　（图1-17）
6. 车二进七　（图1-18）
　炮7进4
7. 车二退四　（图1-19）
　炮7进3　（图1-20）
8. 仕四进五
　车9平6（图1-21）
9. 炮八平五　（图1-22）

马3进5

10. 炮五进四

士6进5（图1-23）

11. 车二退三 （图1-24）

炮7退1 （图1-25）

12. 马八进七 车6进2

13. 马七进六 （图1-26）

炮2进3 （图1-27）

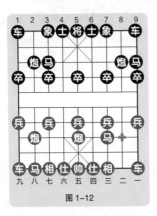

图 1-12

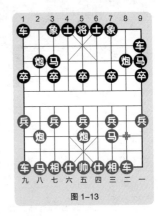

图 1-13

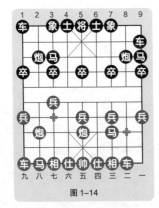

图 1-14

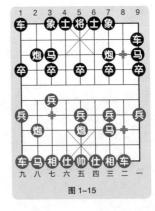

图 1-15

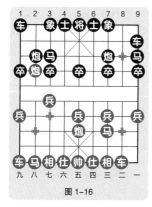

图 1-16

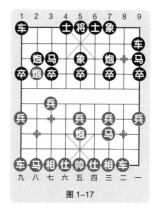

图 1-17

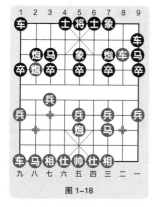

图 1-18

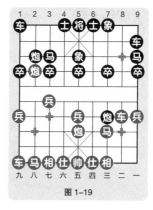

图 1-19

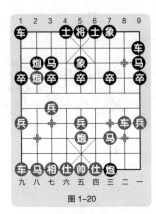

图 1-20

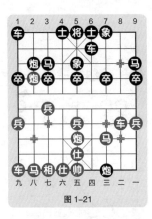

图 1-21

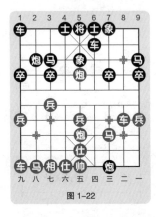

图 1-22

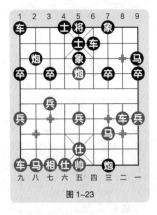

图 1-23

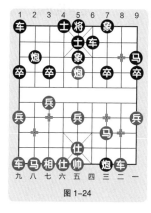

图 1-24

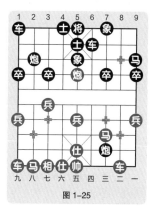

图 1-25

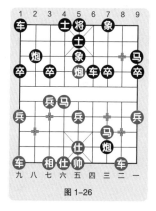

图 1-26

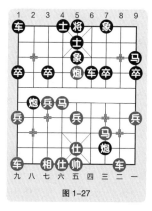

图 1-27

技巧4
当头炮对反宫马

"反宫马",又称"夹炮屏风",即左右两马一齐朝里跳,中间夹了一个士角炮。

如图1-28所示,黑方已经布成正统的反宫马进7卒布局。

如图1-29所示,红方马八进七屏风马,黑方卒7进1打开马路保持变机。

如图1-30所示,红方兵七进一,黑方士4进5的好处是象飞3路,可以快速出贴身车。

如图1-31所示,红方平边炮攻击属当然一着,既可以亮九路车,又可以避免黑方进6路炮打马的棋,是谓一举两得。

如图1-32所示,当红方亮车时,黑方可有两种选择,其中一种是车1平2,车1平2的好处是下一着可以进炮封车,但也有缺点,那就是黑方的一路车本来有贴身的出路,因此车1平2等于是放弃了贴身车的好处。

如图1-33所示,红方选择跃马盘河,暂时轻视黑方的进炮封车。而此时黑方有三种走法:炮2进4,炮2进6,卒9进1。下面分别阐述。

如图1-34所示,黑方进炮封车,且看红方如何应对。

如图1-35所示,红方可以弃兵抓炮,这样一来黑方是不行的。

如图1-36所示,黑方炮2进6封车。

如图1-37所示,红方采用简单的车二进一,就可以轻而易举地赶走黑炮。

如图1-38所示,红方不理睬黑方进炮封车的攻势,而选择径自跳马进行抢攻，可谓是厉害的一着。现在黑方的子力都受制于红方，只有卒9进1可以使9路车畅通，因为下一着9路车可以进3。

如图1-39所示，红方走车二进六，以阻止黑方9路车的出路。

如图1-40所示，黑方兑车属当然之着，否则会被全面封死。

如图1-41所示，红方马六进五踩中卒，立即采取了攻势。

如图1-42所示，黑方兑马当属不得已而为之，倘若不兑马，反被红方兑马，则黑方的二路车和二路炮会因为没有根而受制于红方的八路车。

如图1-43所示，黑方车2平4，出贴身车，不难看出，就布局理论来讲，黑方已经呈失败之势，因为黑方的车平2再平4，等于多花了一步棋。

如图1-44所示，红方炮五平九可以说是一步很厉害的棋，因为这一着可以一方面打黑方的9路马，另一方面沉底炮叫将。

如图1-45所示，红方进九路兵属当然之着，可以说是保有沉底炮的威力。

如图1-46所示，黑方选择跃马盘河，企图进行反攻，下一着再马吃中兵，就可以抢到许多的先手。

如图1-47所示，红方后炮进一，这是平常不容易想到的一步好棋，当然也是本局面布局成功的一个主要原因。

如图1-48所示，黑方弃7卒，下一着平炮打马而吃相。

如图1-49所示，红方将计就计而照单全收，到底暗藏着什么玄机呢？

如图1-50所示，红方兵三进一，乃是抢先的妙着。

如图1-51所示，到此为止，盘面上几乎都是单行道，且局面简单，红方占优。

1. 炮二平五　　马2进3
2. 马二进三　　炮8平6
3. 车一平二　　马8进7
4. 马八进七　　卒7进1
5. 兵七进一　　士4进5
6. 炮八平九　　象3进5
7. 车九平一
　　车1平2　　（图1-32）
8. 马七进六　　（图1-33）

第一种：

8. 马七进六
　　炮2进4　　（图1-34）
9. 兵七进一　　（图1-35）

第二种：

8. 马七进六
　　炮2进6　　（图1-36）
9. 车二进一　　（图1-37）

第三种：

8. 马七进六
　　卒9进1（图1-38）
9. 车二进六　　（图1-39）

　　车9进3　　（图1-40）
10. 车二平一　　马7进9
11. 马六进五　　（图1-41）
　　马3进5　　（图1-42）
12. 炮五进四
　　车2平4　　（图1-43）
13. 炮五平九　　（图1-44）
　　马9退7
14. 前炮进三　　车4进6
15. 兵九进一　　（图1-45）
　　马7进6　　（图1-46）
16. 后炮进一　　（图1-47）
　　卒7进1　　（图1-48）
17. 兵三进一
　　炮6平7　　（图1-49）
18. 兵三进一　　（图1-50）
　　马6进5
19. 后炮平五　　炮7进5
20. 车八进七　　车4平5
21. 仕六进五　　（图1-51）

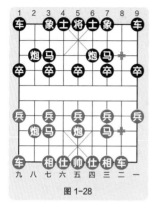

图 1-28

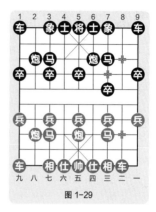

图 1-29

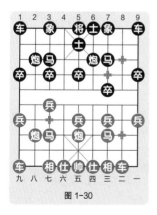

图 1-30

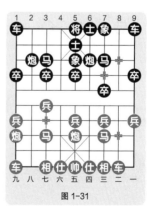

图 1-31

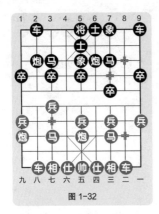

图 1-32

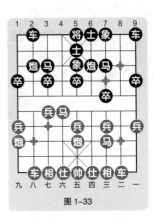

图 1-33

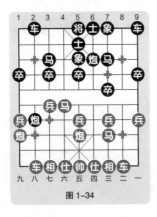

图 1-34

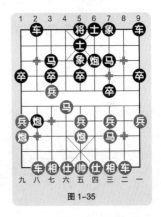

图 1-35

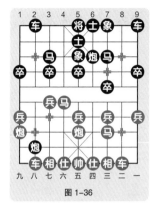

图 1-36

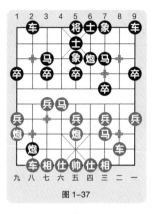

图 1-37

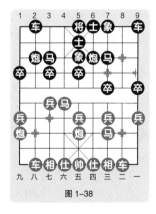

图 1-38

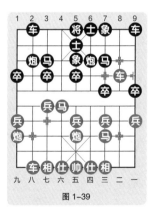

图 1-39

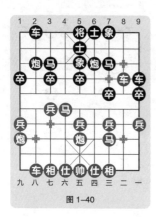

图 1-40

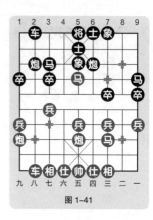

图 1-41

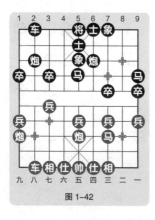

图 1-42

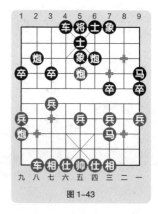

图 1-43

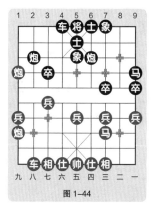

图 1-44

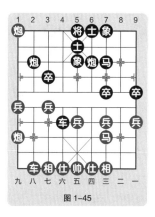

图 1-45

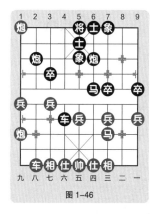

图 1-46

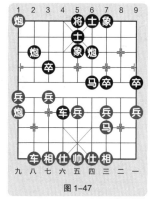

图 1-47

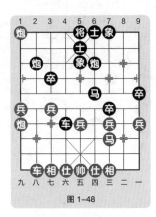

图 1-48

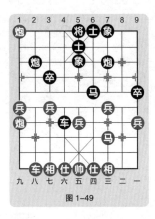

图 1-49

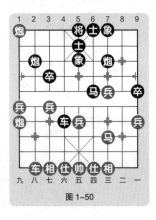

图 1-50

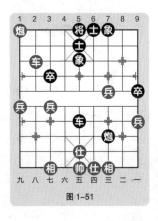

图 1-51

技巧5
五六炮对屏风马

"五六炮"是指先把二路炮移到中路（炮二平五），伺机再把八路炮移到六路（炮八平六）来加强肋道攻防。

"屏风马"是指左右两马一齐朝里跳到九宫顶端两边（即马2进3，马8进7），好像一对屏风。

五六炮对付屏风马的布局比较多，对付其他的布局比较少。这是一种比较平稳的布局，其作用主要是运用两个直车来牵制对方局势，再配合其余子力，乘机夺取兵卒，继而准备进攻和防守。因此，在研究这种布局的时候，务必注意在直车辅助下的六路炮的作用。

如图1-52所示，红方平六路炮，其意图是稳步求先，亦为比较流行的着法。

如图1-53所示，此时黑方有三种着法：炮2进4、炮8进4、炮2进2。

如图1-55所示，红方车二平四。曾一度流行车二平七的攻法，大量实战验证，采用此法黑可取得较满意的对抗形势，其变化为：马7进6，兵九进一，士6进5，仕六进五，车8进6，马九进八，卒3进1，车七进一（若车七平四，则炮9平6），车2进5，车七平四，象3进5，兵三进一，车8平7。

如图1-56所示，黑方补士固防，可谓稳扎稳打。其实黑方另有车8进1求变的应着，红方若兵九进一，黑方则车8平2，兵三进一，卒7进1，车四平三，马7进6，车八进一，前车平4，车八平四，车2进4，致使双方对抢先手，黑方势不弱。

如图1-57所示，黑方飞左象是改良之着，其目的是加强自己右翼的防守能力。以往棋局中黑方多走象3进5，兵七进一，车8进6，炮六进一，车8进2，炮五平六，马7进8，车四平六，以下红方略占主动。

如图1-58所示，黑方进车红方二路，意在威胁红方，此着颇具新意，是对车8进6老式走法的一种翻新。

如图1-59所示，双方形成互缠之势。

如图1-61所示，红方车八进六实为正着。此时红方是五六炮阵形，因此黑方不宜走炮2平1而兑车，否则红有车八平七，车2进2，炮六进五，则黑方失势。

如图1-62所示，红方回车实属正着，对于红方车五平七，黑有炮2平3应对，无益于红方。至此，红方谋得多兵之利，然黑方子力活跃亦有补偿。

如图1-63所示，此时，红方略占优势，然黑方可抵抗。

如图1-64所示，红方升车巡河，应着十分稳健。红方若改走炮五进四，则黑方马3进5，车二平五，炮8平5，相七进五，炮2进3，到此为止，黑方势头较具有反弹性。

如图1-65所示，对弈至此，红方占得先手。

1. 炮二平五　马8进7
2. 马二进三　车9平8
3. 车一平二　卒7进1
4. 马八进九　马2进3
5. 炮八平六　（图1-52）
　　车1平2
6. 车九平八　（图1-53）
第一种：
6. 车九平八
　　炮2进4（图1-54）
7. 车二进四　炮8平9

8. 车二平四　（图1-55）
　　士4进5　（图1-56）
9. 兵九进一　炮2退2
10. 车八进四
　　象7进5（图1-57）
11. 兵七进一
　　车8进8（图1-58）
12. 兵三进一　卒7进1
13. 车四平三　炮2平7
14. 车八进五
　　马3退2（图1-59）

第二种：

6. 车九平八　炮8进4（图1-60）

7. 车八进六　（图1-61）

　士4进5

8. 仕四进五　象3进5

9. 车八平七　马3退4

10. 炮五进四　马7进5

11. 车七平五　炮2进5

12. 相三进五　马4进3

13. 车五退二　（图1-62）

　马3进4

14. 车五平六　马4进2

15. 马三退一　炮8进2

16. 炮六退一

　炮2进1　（图1-63）

第三种：

6. 车九平八　炮2进2

7. 车二进六　马7进6

8. 车八进四　（图1-64）

　士4进5

9. 兵九进一　象3进5

10. 仕六进五　卒7进1

11. 车二平四　马6进7

12. 车八平三　马7进5

13. 相七进五　炮8平6

14. 车三平八　（图1-65）

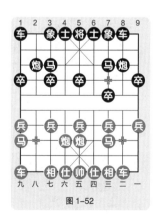

图 1-52

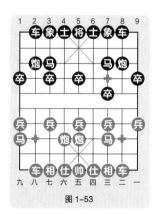

图 1-53

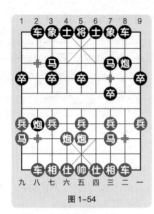

图 1-54

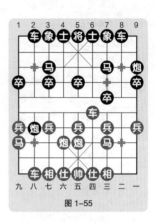

图 1-55

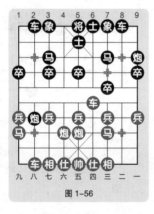

图 1-56

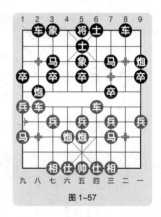

图 1-57

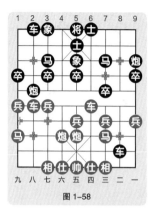

图 1-58

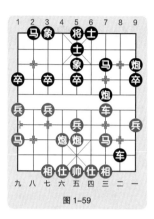

图 1-59

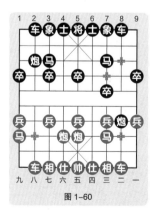

图 1-60

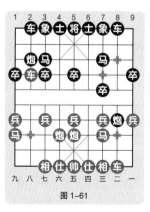

图 1-61

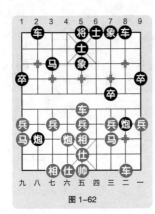

图 1-62

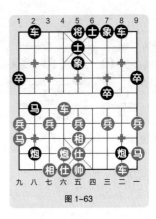

图 1-63

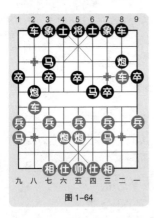

图 1-64

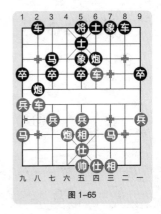

图 1-65

技巧6
中炮巡河车对屏风马

"中炮"是指从任何部位飞到中路的炮，一般指开局时的炮二平五（炮2平5）或炮八平五（炮8平5）。

如图1-66所示，红方先手炮抢先。

如图1-67所示，红方稳健地发动攻势，前提是保有先行之利。此时黑方有两种走法：炮2退1和卒7进1。

如图1-68所示，黑方准备平2路炮打车，乃是反击的要着。若是改走卒7进1，兵五进一，炮2退1，兵五进一，则黑方中路受攻。

如图1-69所示，上着黑方没有走卒7进1缓着而是退炮反击，此时红方来不及冲中兵进攻。

如图1-70所示，此时红方逃车顺便攻击黑方左弱马，意为佳着，实为劣着。

如图1-71所示，黑方将计就计，以马作为诱饵。至此，红方即使不吃马，或进或退，均已失先。

如图1-72所示，显而易见，此局面就是历史上著名的"弃马陷车"局。红方因吃马而中计，黑方则运马踩车，炮打相后叫将，也得车。

如图1-73所示，对弈至此，黑方大占优势！

1. 炮二平五　（图1-66）　　　4. 车二进四　马2进3
　　马8进7

2. 马二进三　卒3进1　　　　5. 兵七进一　卒3进1

3. 车一平二　车9平8　　　　6. 车二平七　（图1-67）
　　　　　　　　　　　　　　　炮2退1　（图1-68）

29

7. 炮八平七　（图1-69）
　　炮2平3
8. 车七平三　（图1-70）
　　卒7进1
9. 车三进一
　　象3退5（图1-71）
10. 车三进二
　　马3退5（图1-72）
11. 炮五进四　炮3进8
12. 帅五进一　炮3平1
13. 炮七进二　车1平3

14. 炮七平五　车3进8
15. 帅五退一　车3退3
16. 兵三进一　炮8平7
17. 马三进四　车3平4
18. 车三平五　车4平5
19. 兵五进一　象7进5
20. 兵五进一　车8进3
21. 兵三进一　车8平5
22. 兵五进一
　　马5进3（图1-73）

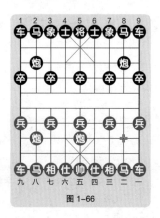

图1-66

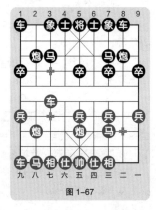

图1-67

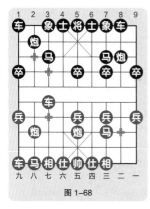

图 1-68

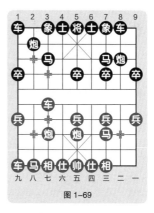

图 1-69

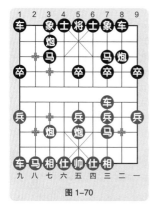

图 1-70

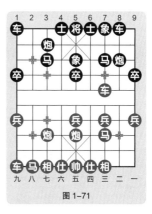

图 1-71

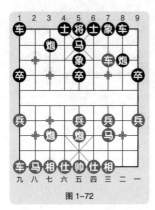

图 1-72

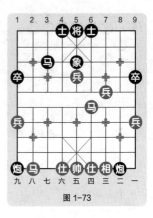

图 1-73

技巧7
五九炮对屏风马

"五九炮"是指首着把二路炮移到中路（炮二平五），伺机又把八路炮移到九路（炮八平九），以利左车尽快出动。

"五九炮对屏风马"的布局有"柔中带刚"的特点。所谓的"柔"是指它在布局阶段，使两翼子力得到均衡发展，达到左右呼应、稳步进取的目的。而"刚"则是指或直攻中路，或左右夹击形成钳形攻势，尤其在进入中局过程中常以弃子争先夺势的战术手段出现。与此同时，屏风马也常常采用弃子争先的积极防御战术，来与五九炮方进行抗衡。

如图1-74所示，至此局面，双方已形成五九炮过河车对屏风马平炮兑车的布局阵势。

如图1-75所示，黑方选择跳外肋马，企图冲卒踩车来反击。

如图1-76所示，红肋车捉炮，意图避开黑冲卒的反击手段，乃是力争先手的强行攻法。

如图1-77所示，黑方炮打三兵谋求对攻，实为一种比较积极的应法。

如图1-78所示，黑方用双炮封锁了兵线，可谓是有力的反击战术。

如图1-79所示，红方冲中兵乃正着，意在拆散黑方双炮之间的联系。

如图1-80所示，黑方继续贯彻自己的封锁计划，若改走卒7进1，则被红方略抢先手。

如图1-81所示，红方通过跃马而威胁中卒，打算直攻中路。

如图1-82所示，黑方的退炮逐车为正常之着，若改走卒7进1，则被红方抢得先手。

如图1-83所示，此时黑方有两种走法：卒7进1和马8进7，下面以卒7进1为例继续叙述。

如图1-84所示，黑方用炮打车后再渡7卒，井然有序，若改走马8进7，则红方优势。

如图1-85所示，红方退马，正着！

如图1-86所示，黑方补象乃正着。

如图1-87所示，红方冲兵，意在打通中路展开反击。

如图1-88所示，对弈至此，黑方已难应付。

1. 炮二平五	马8进7		炮2进4 （图1-78）
2. 马二进三	车9平8	13. 兵五进一	（图1-79）
3. 车一平二	马2进3		炮7平3 （图1-80）
4. 兵七进一	卒7进1	14. 马三进四	（图1-81）
5. 车二进六	炮8平9		炮2退5 （图1-82）
6. 车二平三	炮9退1	15. 车四退三	（图1-83）
7. 马八进七	士4进5		卒7进1 （图1-84）
8. 炮八平九	（图1-74）	16. 马四退三	（图1-85）
车1平2		象3进5	（图1-86）
9. 车九平八	炮9平7	17. 兵五进一	（图1-87）
10. 车三平四		炮2进5	
马7进8	（图1-75）	18. 兵五进一	马3进5
11. 车四进二	（图1-76）	19. 车四退二	炮2平6
炮7进5	（图1-77）	20. 车八进九	士5退4
12. 相三进一		21. 炮九进四	（图1-88）

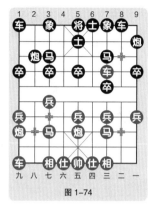

图 1-74

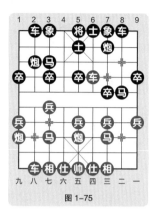

图 1-75

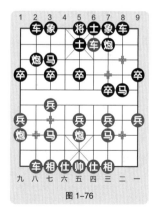

图 1-76

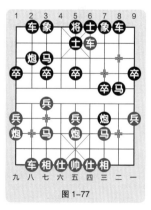

图 1-77

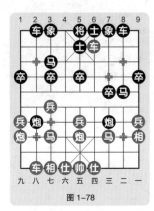

图 1-78

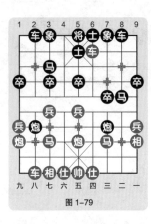

图 1-79

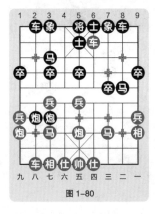

图 1-80

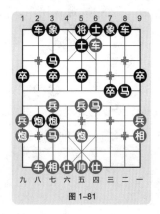

图 1-81

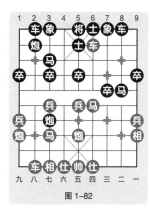

图 1-82

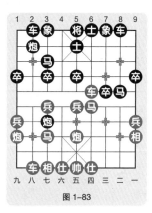

图 1-83

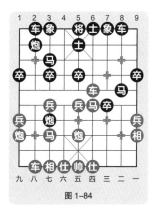

图 1-84

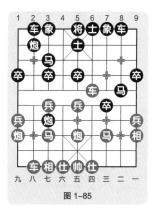

图 1-85

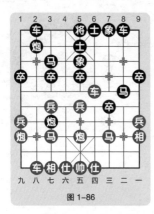

图 1-86

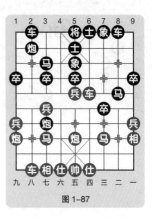

图 1-87

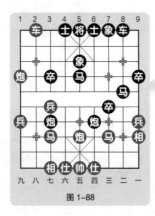

图 1-88

技巧8
中炮过河车对屏风马

"过河车"是指跨过对方河沿一线的车，一般多指开局时的车二进六（车2进6）或车八进六（车8进6）。

中炮过河车对屏风马布局是历来象棋爱好者和各类棋赛中应用最广泛的布局，也称得上是一个分支诸多的庞大布局体系。

如图1-89所示，黑方虽左马有根，但红方平车压马，因此这步棋效率低。

如图1-90所示，红方平车压马显得急躁，应改走兵七进一，待黑方炮8平9邀兑车时，再走车二平三，炮9退1，如此一来，才不致亏一步棋。

如图1-91所示，红车被赶走已失先势，现又急于进入卒林而攻黑方右马，也是无济于事的。红方左翼车、马、炮一直未动，三路线又有弱点，加之后防未固而较频繁地走动孤车强攻，形势对红方极为不利。

如图1-92所示，黑马原来无根，但出象位车保马也不成问题。倒是红车花费许多棋步分别攻击黑方双马，却无实际效果，显得效率低。

如图1-93所示，进左马，实为佳着，意在逼兑子以取得反先之势。

如图1-94所示，红方虽已走完12步棋，但至此的有效棋步却只有炮二平五、炮八平七、炮七进五共3步；而黑方的有效棋步则为马8进7、马7进6、马6进4、车9平8、炮8平7、炮7进5、象3进5共7步，就效果而言，黑方多走了4

步棋，同时说明黑子出动快得多。

对弈至此，开局结束，下面继续演变，且看这盘棋的结果。

如图1-95所示，红方在兑掉一车后，另一车晚出，使中路及右翼底线皆弱，导致缺乏子力防守。

如图1-96所示，红方若改走车九进一，则黑方炮2平5，以下仕六进五，车8进8，帅五平六，车8平7，相三进一，车7平8，再沉炮叫将，红方难应付。

如图1-97所示，黑方迅速集结车、双炮于左翼而入局。

红方失败原因之一是左车晚出，来不及调到右翼防守，左车出动太慢，也是因为右车频繁走动效率低，浪费了先前的棋步。由此我们感悟到，"尽快出子"原则的真正含义并非快走某一个子，而是要求两翼子力都开动出来。

1. 炮二平五	马8进7	11. 车七进一	车3进2
2. 马二进三	卒7进1	12. 炮七进五	
3. 车一平二	车9平8	炮7进6	（图1-94）
4. 车二进六	马2进3	13. 马八进九	
5. 车二平三	（图1-89）	炮2进4	（图1-95）
炮8退1	（图1-90）	14. 兵七进一	（图1-96）
6. 车三退一	炮8平7	炮2平7	
7. 车三平六	象3进5	15. 相三进一	车8进8
8. 车六进一	（图1-91）	16. 车九平八	前炮进2
马7进6		17. 仕四进五	马4进5
9. 车六平七		18. 相七进五	前炮平9
车1平3	（图1-92）	19. 车八进五	
10. 炮八平七		炮7进3	（图1-97）
马6进4	（图1-93）		

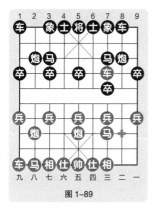

图 1-89

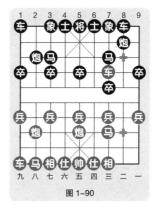

图 1-90

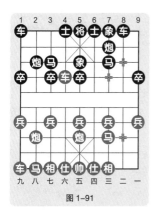

图 1-91

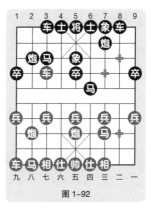

图 1-92

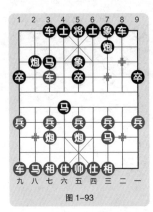

图 1-93

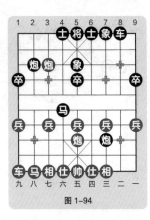

图 1-94

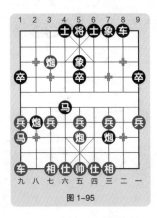

图 1-95

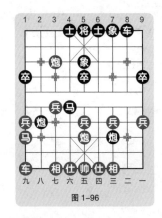

图 1-96

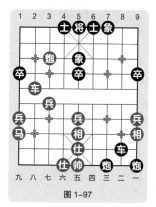

图 1-97

技巧9
中炮对屏风马3卒

　　黑方"屏风马挺3卒"是传统的布局模式，其意图是从右翼展开对攻或者反击。红方的早期攻法是借巡河车挺兵兑卒，移车左翼来进行控制。屏风马挺3卒，其意图是左马用于防守，右马用于反击，挺3卒而活跃右马。

　　如图1-98所示，红方进三兵是最为流行的变着，它可以挑起复杂而激烈的对攻。

　　如图1-99所示，双方互挺三兵（3卒），现在这种变化极易演变成五七炮进三兵对屏风马进3卒的攻防体系。双方都非常稳健。

　　如图1-100所示，黑方若改走士4进5，则车九进一，象3进5，车九平七，马3进4，炮八进四，炮8进4，炮八平三，车1平2，车七平六，车8进4，车六平二，黑方因8路炮受攻，而使红方占优。

　　如图1-101所示，对弈至此，双方完成了五七炮对屏风马的基本布局阵势。

　　如图1-102所示，黑方马踏边兵，积极主动。

　　如图1-103所示，黑方平士角炮，意在对红方左翼进行牵制，此外在避红车的同时，又可将来配合己方的飞象，以此构筑成一道顽强的防守阵线。

　　如图1-104所示，红方接受兑车，简化了局面。

　　如图1-106所示，红方避开锋芒，着法十分稳健。

　　如图1-107所示，红方退马可谓好棋。

　　如图1-108所示，红方若改走马三退四，则士6进5，车八进三，炮7退2，仕六进五，炮7平6，则红方略优。

如图1-109所示，黑车巡河，较易控制局面。

如图1-110所示，红方平车捉马主动换子，黑方则马1退2，利用兑子，巧妙进行回防。

如图1-111所示，红方进马为车解困，刻不容缓！

如图1-112所示，红方此着有些稍软，存在攻击弱点，可给黑方有可乘之机，应走兵三进一较为妥当。

如图1-113所示，此着精妙！黑方终于逮住机会，围困红边马。

如图1-114所示，红方此着欠妥。此时黑卒渡河，红方已危机四伏。

1. 炮二平五　马8进7
2. 马二进三　车9平8
3. 车一平二　马2进3
4. 兵三进一　（图1-98）
　　卒3进1　（图1-99）
5. 马八进九
　　卒1进1　（图1-100）
6. 炮八平七　马3进2
7. 车九进一　（图1-101）
　　马2进1　（图1-102）
8. 炮七进三　车1进3
9. 车九平八　车1平4
10. 车二进六
　　炮2平4　（图1-103）
11. 马三进四　象7进5
12. 炮七进二　炮8平9

13. 车二进三　（图1-104）
　　马7退8
14. 马四进三　（图1-105）
　　炮9平7
15. 相三进一　（图1-106）
　　马8进6　（图1-107）
16. 兵三进一　（图1-108）
　　车4进1　（图1-109）
17. 车八平四
　　马1退2　（图1-110）
18. 车四进七　马2退3
19. 炮五进四　士4进5
20. 车四退三　车4进2
21. 马三进五　车4退3
22. 炮五平四　炮7平6
23. 马五进六　（图1-111）

炮6平4
24. 兵五进一　（图1-112）

卒1进1　　（图1-113）
25. 炮四平三　（图1-114）

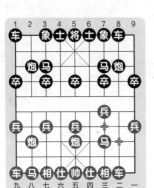

图 1-98

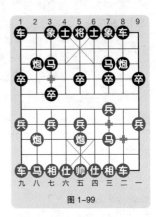

图 1-99

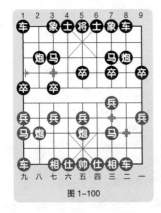

图 1-100

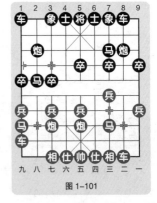

图 1-101

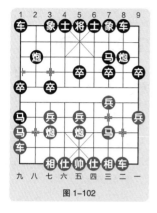

图 1-102

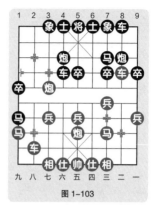

图 1-103

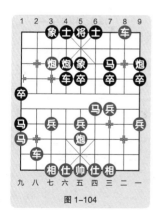

图 1-104

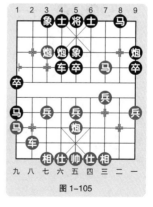

图 1-105

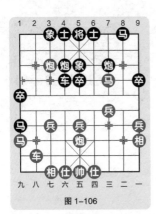

图 1-106

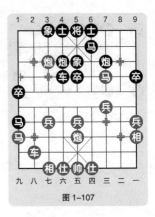

图 1-107

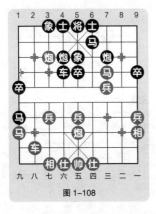

图 1-108

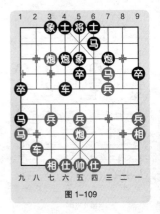

图 1-109

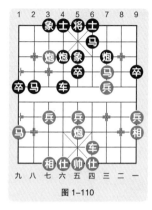

图 1-110

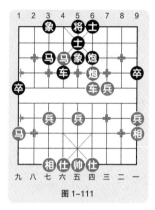

图 1-111

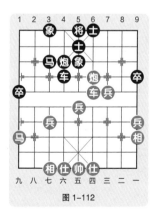

图 1-112

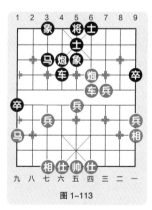

图 1-113

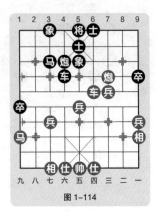

图 1-114

技巧10
中炮急冲中兵对屏风马

演示与解说

"中炮急冲中兵战术"经历半个世纪的发展，让棋手们爱恨交错。占据主流布局巅峰的它，成为棋手们傲视群雄的拼命武器，有时又会让人体会到贪婪和恐惧所带来的失败与痛苦。对急冲战术的研究虽然是路漫漫其修远今，但棋手们仍上下而求索，相信新的战术会不断横空出世。

如图1-115所示，形势至此，黑方有马3退5与士4进5两种选择。下面以士4进5为例继续讲解。

如图1-116所示，红方有兵五平六与兵五平四两种选择。

如图1-117所示，此着可谓划时代之新着！

如图1-118所示，此着也颇有新意。

如图1-119所示，此着着法稳健。当然也可走炮2进3，将会演绎一场激烈的厮杀。

如图1-120所示，此着保持了复杂的态势。

如图1-121所示，红方前后呼应，势在必得。

如图1-122所示，红方煞费苦心地营造了一炮锁三子之势，但由于左翼车、马未动，使后续兵力不足。

如图1-123所示，红方不走兵六平七吃象意义何在？不难看出，因黑方可接走卒5进1，导致相互乱战，因此各有顾忌。

如图1-124所示，黑方弃马踏兵，精巧有力。

如图1-125所示，红方为何不走马四进六而吃马呢？观棋局面，不难看出，因黑方可接走炮7平5，以下红方有两种应法：相七进五，马7进8，炮三退一，车8平1，则红方难招架；炮三平五，卒5进1，炮五进一，炮5平2，则黑方有反先之势。

如图1-126所示，黑方跟踪追击，绝妙！

如图1-127所示，红方因别无良策，只好交换。

如图1-128所示，黑方若选择顺手牵羊而走车7退3，则红马六退七，黑方反生枝节。

如图1-129所示，捉而复链，着法十分老练。

如图1-130所示，黑方夺回失子，使和棋有望。

如图1-131所示，红方跃马奔槽尽力争胜。

如图1-132所示，黑方麻痹大意，随手一着。应改走马8进7，车五平三，车3退5，马六进四，车3平5，仕四进五，马7进5，如此和棋不难。

如图1-133所示，此为不明显的软着。应改走车3退3，仕四进五，士5进6，才会和棋在望。

如图1-134所示，此为错着。黑方应委曲求全而改走马7退8，这样仍有和棋之望。

如图1-135所示，此着可谓细腻而深远。

如图1-136所示，红方出帅远程助攻，竭力撕开黑方防线。

如图1-137所示，对弈至此，红方稍优，终局红方胜。

如图1-138所示，红方分兵四路走是盛行多年的主流定式。

如图1-139所示，黑方先弃后取是经典的选择。

如图1-140所示，黑方退车吃兵属于冷门战术，这在大赛中很少出现。时下主流变化是走象5进3或炮2进1。

如图1-141所示，红方进行炮、马交换十分必要，否则黑方有马3进4的跃马蹬车反攻之势。

如图1-142所示，此时红方另有改进新着：车四进二，炮2退2，车四退二，车1平3，车九平八，前车进7，车八进三，炮2平4，车八平六，后车平4，马三退五，车3退7，车六进三，炮4平2，车六平八，车4进5，车八退六，车3平4，马五进七，前车进2，红方亦占优。

如图1-143所示，黑方挺进中卒而放弃阻击三路兵，颇有魄力。

如图1-144所示，红方佯装攻杀，实为调整阵型。

如图1-145所示，红方也可改走后兵进一，前车平6，前兵平四，车4进5，兵三进一，炮2平3，马三退二，则稍优。

如图1-146所示，红方抢占制高点实属无可非议，但似乎也可走炮四平三，这对黑方拥塞的子力会施加一定的威胁。

如图1-147所示，黑方逼马出山，立意对攻。若是改走卒5平6，车八退一，卒6平7，相五进三，车4进3，兵九进一，则红方稍优。

如图1-148所示，红方将马逼上前线，黑方虽斩获一兵，但为此付出的代价也不小。

如图1-149所示，红方避兑是为了保持快节奏的攻击。红方也可改走车八平九，卒1进1，炮四平一，卒5平6，炮一退二，仍占优势。

如图1-150所示，红方顺手牵羊，实属无可非议，但也可改走马八进七，更为含蓄有力。

如图1-151所示，红方以相飞卒略显迟缓，宜改走车九进五，炮4退1，炮八平四，车5平3，相三进五（亦可马一进二得子），车3平5，帅五进一，则红方势优。

1. 炮二平五　马8进7
2. 马二进三　车9平8
3. 车一平二　卒7进1
4. 车二进六　马2进3
5. 兵七进一　炮8平9
6. 车二平三　炮9退1
7. 兵五进一　（图1-115）
　　士4进5
8. 兵五进一　炮9平7
9. 车三平四　卒7进1
10. 兵三进一
　　象3进5　（图1-116）

第一种：

11. 兵五平六　（图1-117）
　　车8进6
12. 相三进一
　　车1平4　（图1-118）
13. 马三进四　卒3进1
14. 兵七进一　象5进3
15. 车四进二
　　炮7进4　（图1-119）
16. 炮八平六　（图1-120）
　　车4平2
17. 炮六进二
　　炮2进3　（图1-121）
18. 炮六平三　炮2平7

19. 炮五平三　（图1-122）
　　车2进8
20. 仕六进五　（图1-123）
　　马3进4　（图1-124）
21. 炮三退一　（图1-125）
　　车8进2　（图1-126）
22. 相一进三　（图1-127）
　　车8平7
23. 马四进六
　　车7退2　（图1-128）
24. 车四退二　车7平4
25. 马六退四
　　车4平6　（图1-129）
26. 相三退一　象3退5
27. 兵一进一
　　车6平2　（图1-130）
28. 车四平三　马7退8
29. 车三平五　前车进1
30. 车九平八　车2进3
31. 马四进六　（图1-131）
　　车2平3
32. 仕五退六
　　卒1进1　（图1-132）
33. 马六进八
　　车3退5　（图1-133）
34. 车五平一　马8进7

35. 车一平三
    车3平5　　（图1-134）

36. 仕六进五　（图1-135）
    马7进5

37. 帅五平六　（图1-136）
    士5进4

38. 马八进六　将5平4

39. 仕五进六　车5进2

40. 马六退八　（图1-137）

第二种：

11. 兵五平四　（图1-138）
    车8进6

12. 兵四平三　卒3进1

13. 兵七进一
    车8平3　　（图1-139）

14. 炮八平七
    车3退2　　（图1-140）

15. 炮七进五　（图1-141）
    车3退2

16. 马八进九　炮2进1

17. 车四退二　（图1-142）
    车1平4

18. 车九平八　炮2退2

19. 车四进二
    卒5进1　　（图1-143）

20. 前兵进一　马7退9

21. 炮五平四　（图1-144）
    车3平4

22. 相七进五　前车进1

23. 车四平六　（图1-145）
    车4进3

24. 马三进二　卒5进1

25. 车八进五　（图1-146）
    炮2平4

26. 炮四进四
    车4进4　　（图1-147）

27. 马九进七　车4退1

28. 马七进九　车4平1

29. 马九进八　（图1-148）
    车1退2

30. 车八退一　（图1-149）
    车1平5

31. 炮四平九　（图1-150）
    车5平1

32. 炮九进二　卒5进1

33. 马二进一　炮7平6

34. 炮九平八　车1平5

35. 马八退七　车5进1

36. 车八平九　卒5进1

37. 相三进五　（图1-151）

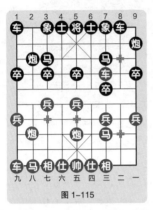

图 1-115

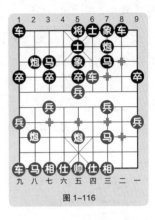

图 1-116

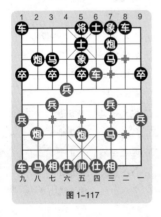

图 1-117

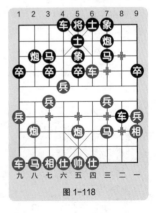

图 1-118

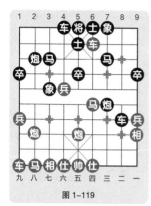

图 1-119

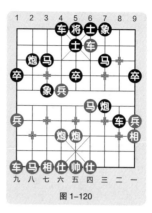

图 1-120

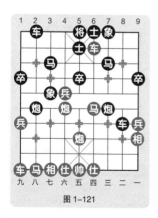

图 1-121

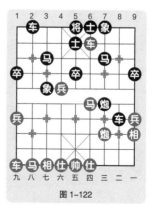

图 1-122

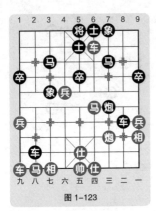

图 1-123

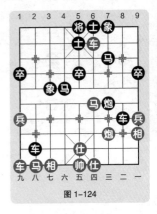

图 1-124

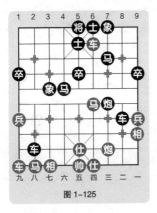

图 1-125

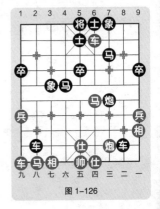

图 1-126

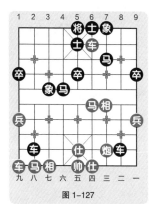

图 1-127

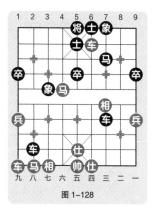

图 1-128

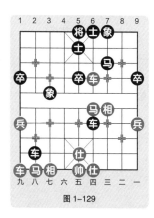

图 1-129

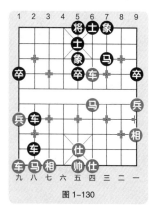

图 1-130

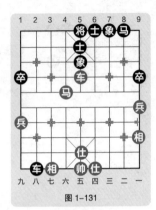

图 1-131

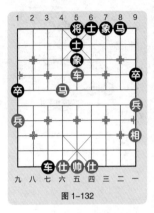

图 1-132

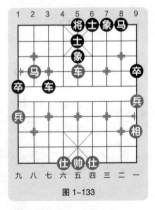

图 1-133

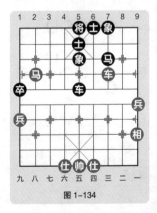

图 1-134

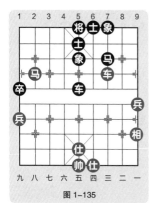

图 1-135

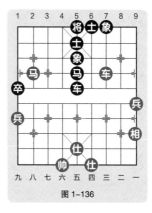

图 1-136

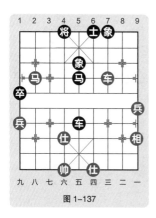

图 1-137

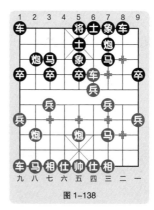

图 1-138

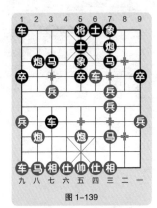

图 1-139

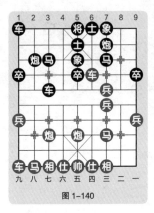

图 1-140

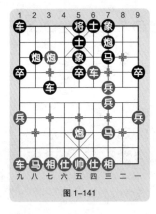

图 1-141

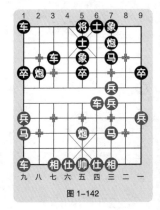

图 1-142

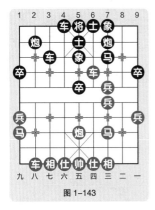

图 1-143

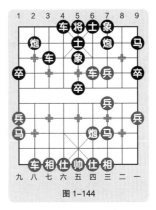

图 1-144

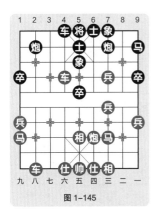

图 1-145

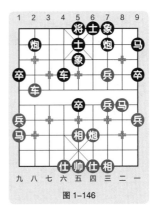

图 1-146

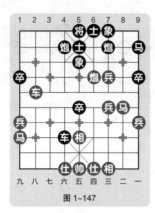

图 1-147

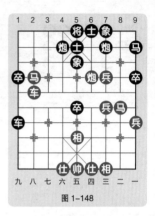

图 1-148

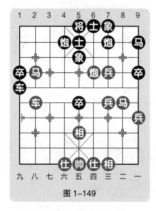

图 1-149

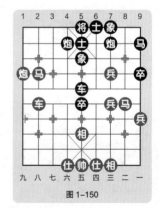

图 1-150

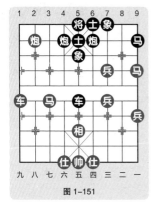

图 1-151

技巧11
中炮直横车对屏风马

如图1-152所示，第5回合时红方在黑方挺起7卒后，一般应相应地进七兵，以保持局面均衡。然而现在直接跳七路马、提横车，使黑方再拱3卒的布局，形成了典型的中炮直横车对屏风马两头蛇的阵式。

如图1-153所示，红方在兑掉双兵之后还是相当满意的，然而不能忽略了黑方对其三路底相的攻击。此时红方若改走相三进一，则会感觉退让了，在步数上有些亏损，因此红方毅然平车过宫迎战。

如图1-154所示，黑方进车是终归要走的程序，若是改走炮打底相，则其双马均遭到攻击，反而得不偿失。

如图1-155所示，红方锐意进取，誓死不飞边相，其精神可嘉。

如图1-156所示，黑方升炮，置红方炮五平二打死车于不顾，其潜在的作用不可小觑。而红方主要有两种应法：仕四进五和车四平三，分述如下。

如图1-157所示，红方若改走炮五平二，马6进7，炮二进三，炮2平5，仕四进五，马7进6，帅五平四（意图捉死马），车1平2，炮八平七（如马七进八，则炮5平2），炮7平6，马二退四，则会使红方局面相当尴尬。

如图1-158所示，黑方退马轻灵，既反击了红车，又为自己的巡河车亮出了通道，可谓一举两得。

如图1-159所示，经过交换，黑方取得了较为满意的效果。

如图1-160所示，红方的车四平三比仕四进五有着更积极的意义，因为它既躲开了炮7平6，又控制了黑方马6进7，并且保护了底相，是一举多得。

如图1-161所示，红方以打死车相威胁，先手逼兑了黑方的巡河炮，导致黑方中卒浮起，使其阵形不稳。此时再进车展开攻击阵形，红方可以满意了。

如图1-162所示，黑方可以考虑车8退1，兑掉红方占位较好的上二路车，此时也属红方先手。

如图1-163所示，黑方进马实为好棋，暗保6路马，红方若接走车四退一，马2退4，则捉双车。

如图1-164所示，黑方若改走车3进7，车八进五，象5退3，炮六进三，则红方势优。

1. 炮二平五　马8进7
2. 马二进三　车9平8
3. 车一平二　卒7进1
4. 车二进六　马2进3
5. 马八进七　卒3进1
6. 车九进一
　　炮2进1　　（图1-152）
7. 车二退二　象3进5
8. 兵三进一　卒7进1
9. 车二平三　马7进6
10. 兵七进一　卒3进1
11. 车三进七　炮8平7
12. 车九平四　　（图1-153）
　　车8进4　　（图1-154）
13. 马三进四　车8平7

14. 马四退二　　（图1-155）
　　车7平8
15. 炮八进一
　　炮2进1　　（图1-156）

第一种：

16. 仕四进五　　（图1-157）
　　炮2平3
17. 炮五平二
　　马6进4　　（图1-158）
18. 炮二进三　马4进3
19. 车四进三　车1平2
20. 车四平七　车2进6
21. 马二退四　炮3进3
22. 车七退二
　　车2平5　　（图1-159）

67

第二种：

16. 车四平三 （图1-160）
    炮2平5

17. 炮五进三　卒5进1

18. 车三进五 （图1-161）
    士4进5

19. 马二进四
    车8进1　（图1-162）

20. 车三平四
    马3进2 （图1-163）

21. 相七进五　车1平4

22. 车七平八　马2退4

23. 炮八平六　车4平3

24. 马四进六
    卒5进1　（图1-164）

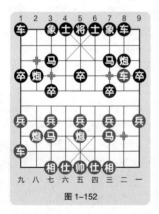

图1-152

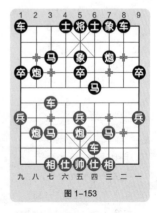

图1-153

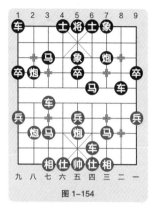

图 1-154

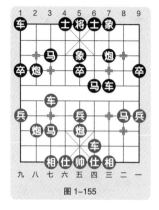

图 1-155

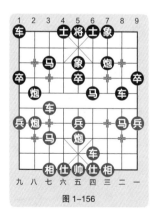

图 1-156

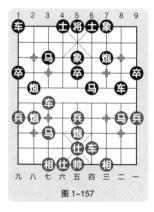

图 1-157

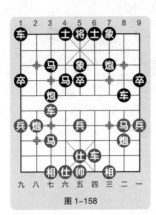

图 1-158

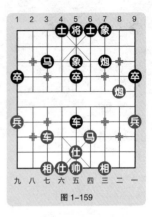

图 1-159

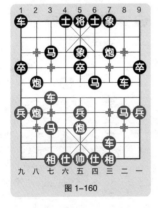

图 1-160

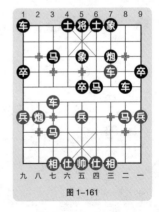

图 1-161

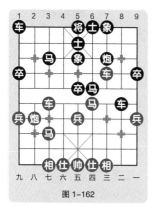

图 1-162

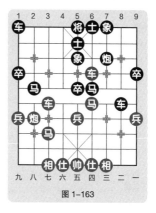

图 1-163

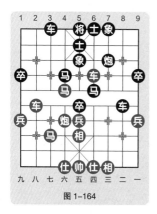

图 1-164

技巧12
五七炮对屏风马

　　"五七炮"是指红方首着把二路炮移到中路（炮二平五），伺机再把八路炮移到七路（炮八平七）来牵制黑方3路。

　　五七炮对屏风马这一布局可谓历史悠久，各大赛上经常出现，而且其中的创新也是层出不穷。五七炮的特点是复杂多变、进攻凌厉，能产生激烈的对攻局面，因此是很多进攻泼辣型棋手喜欢选择的布局。

　　如图1-165所示，黑方挺7卒，至此形成了从古至今赫赫有名的中炮对屏风马互挺七兵的布局阵势。

　　如图1-166所示，红方利用五七炮进攻。

　　如图1-167所示，黑方此着看似与红方的炮八平七针锋相对，但是在效率上明显有问题，因为炮的出路很难解决，而且同时封闭了车路，可以说是对炮八平七过于敏感。不如以逸待劳，走车1平2，尽快出动车，待看红方应手，再见机行事。

　　如图1-168所示，至此红方考虑了一套"弃车抢攻"的方案。当然前面已经说过，这必须具有良好的大局观和严谨有力的后续手段。就局面来分析，黑方的弱点是士、象都未补，中路已相当空虚。

　　如图1-169所示，黑方为了保持一个大子的优势而回窝心马，与此同时又给自己造成了一个致命的弱点。

　　如图1-170所示，红方直奔卧槽叫杀。不难看出红方在弃掉一车后，其两匹马犹如神龙，以迅雷不及掩耳之势杀入了敌营。

如图1-171所示，红方采取一步接一步的战术，步步催杀。就连黑方的老将也被逼上了悬崖，此时的城池岌岌可危。

1. 炮二平五　　马8进7

2. 马二进三　　马2进3

3. 车一平二　　车9平8

4. 兵七进一

　　卒7进1　　（图1-165）

5. 炮八平七　　（图1-166）

　　炮8进2　　（图1-167）

6. 马八进九　　车1平2

7. 车九平八　　炮2进4

8. 马九进七　　（图1-168）

　　炮2平5

9. 马三进五　　车2进9

10. 马五进四

　　马7退5　　（图1-169）

11. 马七进五　　象3进5

12. 马五进四　　（图1-170）

　　马5退3

13. 前马进三　　将5进1

14. 马四进三　　将5平4

15. 前马退五　　车8进2

16. 马五进四　　将4进1

17. 车二进一　　（图1-171）

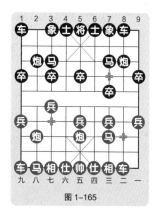

图 1-165

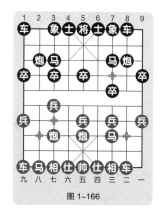

图 1-166

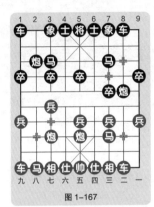

图 1-167

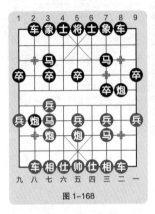

图 1-168

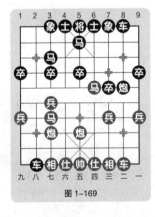

图 1-169

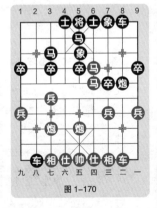

图 1-170

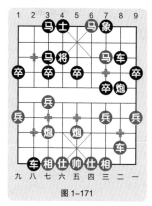

图 1-171

技巧13
中炮巡河炮对屏风马

"巡河炮"是指飞到河沿一线的炮，一般多指开局时的炮八进二（炮8进2）或炮二进二（炮2进2）。

如图1-172所示，红方若不出车，则黑方炮8平9便很容易取得8路线的控制权。

如图1-173所示，黑方挺卒是必须的，否则红方再挺兵三进一，则黑方双马受到牵制。

如图1-174所示，红方右马受抑制，遂升巡河炮准备兑兵而开拓马路。

如图1-175所示，炮8进2是屏风马的一种应着，极易演变成紧张的局势，若改走车1平3，则局势会比较平稳。

如图1-176所示，为避免黑方炮2平8捉车，红方车二进一乃是正常之着，若不走这着，则可改走车二进三亦佳。

如图1-177所示，黑方弃卒换相，当属正着，以此可以牵制住红方的局势。

如图1-178所示，黑方若改走象3进1，则红方前炮平八抽将，士4进5，车七退三，最终红方占优势。

如图1-179所示，红方若改走车七退三，则车6平5，仕六进五，车5平7，帅五平六，车7进3，帅六进一，车7退5，仕五进四，象3进1，车七平六，将5进1，形成互缠局势，则各有千秋。

如图1-180所示，黑方若是改走象3进1，则极易成和棋。

如图1-181所示，对弈至此，黑方已无杀着，而红方已成三子归边，因此黑方极易发生危险。

1. 炮二平五　　马8进7
2. 马二进三　　车9平8
3. 车一平二　　（图1-172）
　　马2进3
4. 兵七进一
　　卒7进1　　（图1-173）
5. 马八进七　　象3进5
6. 炮八进二　　（图1-174）
　　炮8进2　　（图1-175）
7. 兵三进一　　炮2退1
8. 车二进一　　（图1-176）
　　炮2平7
9. 马三进四　　卒7进1
10. 马四进六
　　卒7平8　　（图1-177）
11. 车二进三　　炮7进8
12. 仕四进五　　车1平3
13. 车九平八　　炮7平9

14. 马七进六　　炮8平7
15. 车二进五　　马7退8
16. 仕五进六　　马8进7
17. 前马进七　　车3进2
18. 马六进五　　马7进5
19. 炮五进四　　象5退3
20. 兵七进一　　卒3进1
21. 炮八平五　　炮7平5
22. 车八进八　　车3平6
23. 车八平七
　　车6进4　　（图1-178）
24. 相七进五　　（图1-179）
　　炮9平8
25. 仕六进五
　　炮8退3　　（图1-180）
26. 前炮平七　　象3进5
27. 炮五平八　　（图1-181）

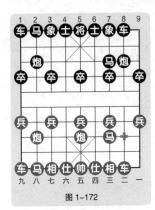

图 1-172

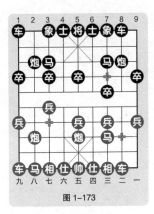

图 1-173

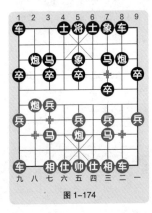

图 1-174

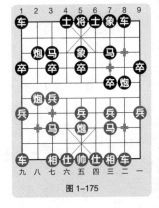

图 1-175

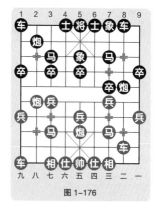

图 1-176

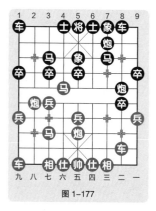

图 1-177

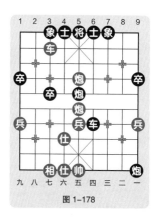

图 1-178

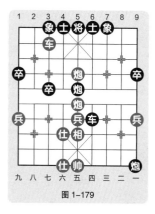

图 1-179

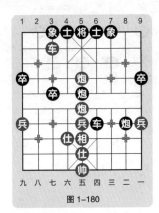

图 1-180

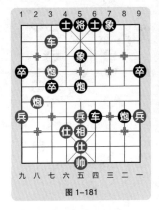

图 1-181

技巧14
弃象陷车

　　如图1-182所示，红方进车乃急攻之着。当然另有马八进七与炮八平六等多种选择，但相比之下还是进车较为稳健。

　　如图1-183所示，此时红方平车攻马威胁黑方，而黑方应走车1平2来对抢先手，以下红方若是马八进七，则卒3进1，车二平三，马7退5，车九平八，车2进6，炮八平九，车2平3，车八进二，车9进1，立即形成对攻局面。而现在黑方起横车乃刻意求变，反其道而行，其意在设置圈套以制造"骗局"。

　　如图1-184所示，红方选择平车扫卒乃属当然之着。黑方退马则是佯作无奈之状，其实是步早有预谋的骗着，以底象作为诱饵来引红车入围。此时红方主要有两种走法：车三进三和马八进七。下面以车三进三为例继续叙述。

　　如图1-185所示，红方中计！

　　如图1-186所示，黑方进行平炮关车，机关启动瞬时令红车身陷囹圄。

　　如图1-187所示，面临此时困境，红方只有叫苦不迭了。而现在之所以升炮忍痛弃马，也实属无奈之举。

　　如图1-188所示，黑方也可炮7进5而直接得子，亦是黑方势优。但黑方有其他心思，此时不急于行事，是想获取更大的利益。

　　如图1-189所示，红方若是改走炮八平一，则是最顽强之着。

　　如图1-190所示，对弈至此，黑方得车，胜势！红方棋因失察贪吃一象，致使自身陷入重围，以致溃不成军。

1. 炮二平五　炮2平5

2. 马二进三　马2进3

3. 车一平二　马8进7

4. 车二进六　（图1-182）
   车1进1　（图1-183）

5. 车二平三
   马7退8　（图1-184）

6. 车三进三　（图1-185）
   炮5平7　（图1-186）

7. 炮八进二　（图1-187）
   象3进5　（图1-188）

8. 炮八平三　（图1-189）
   炮7进4

9. 炮三平一　炮7进3

10. 仕四进五　炮8平9

11. 炮一进三
    象5退7　（图1-190）

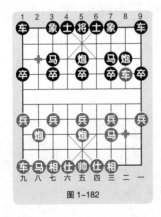

图 1-182

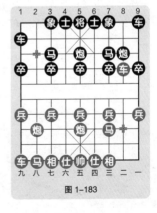

图 1-183

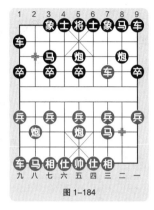

图 1-184

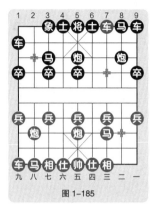

图 1-185

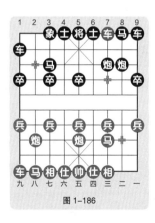

图 1-186

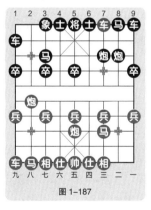

图 1-187

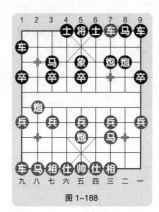

图 1-188

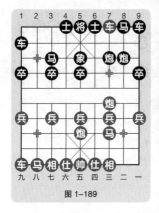

图 1-189

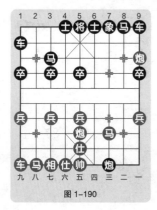

图 1-190

技巧15
送兵得子

如图1-191所示，此时黑方跃马河口，为时尚早，因为会导致阵形漂浮。常见的下法有两种：马2进3或象3进5，着法较为稳重。

如图1-192所示，黑方升炮巡河，是准备构筑"河头堡"工事，来抵御红方的进攻。

如图1-193所示，黑方的"工事"计划并不成熟，此时红方及时冲兵破坏，攻击甚为有力。

如图1-194所示，黑方按原计划而行，但不能成功。

如图1-195所示，红方的平炮逼兑、连消带打，属预定的战术。此时，黑方主要有两种走法：马6进7和炮6进5，现分述如下。

如图1-196所示，黑方若误走马6进5，则炮四平五，炮6平5，炮五进四，红方得子。

如图1-197所示，红方平炮乃轻灵之着。

如图1-198所示，黑方若是改走炮8平9，则红方有相三进一（马二进一亦佳），黑炮处境会比较危险。

如图1-199所示，此时红方白过一兵，有显著优势。

如图1-200所示，此时黑方直接兑炮乃委曲求全之着。

如图1-201所示，出子缓慢加之脆弱的阵形，将使黑方面临窘境。

1. 兵七进一　卒7进1

2. 马八进七　马8进7

3. 车九进一
   马7进6　（图1-191）

4. 车九平四
   炮8进2　（图1-192）

5. 兵三进一　（图1-193）
   炮2平6　（图1-194）

6. 炮二平四　（图1-195）

第一种：

6. 炮二平四
   马6进7　（图1-196）

7. 炮四平三　（图1-197）

士4进5

8. 兵三进一
   炮8进3　（图1-198）

9. 车四进二　炮8平3

10. 车四平三　（图1-199）

第二种：

6. 炮二平四
   炮6进5　（图1-200）

7. 车四进一　象7进5

8. 兵三进一　象5进7

9. 马二进三　车1进2

10. 车一平二　马6退7

11. 马七进八　（图1-201）

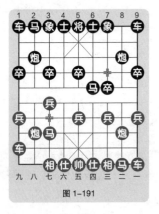

图1-191

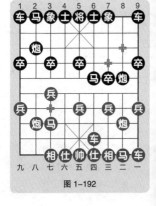

图1-192

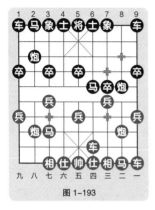

图 1-193

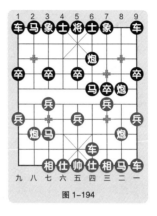

图 1-194

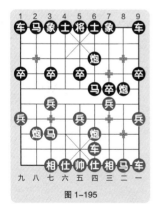

图 1-195

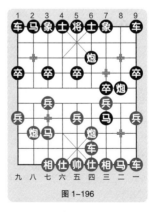

图 1-196

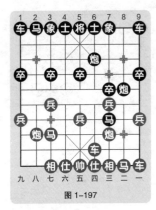

图 1-197

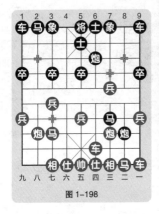

图 1-198

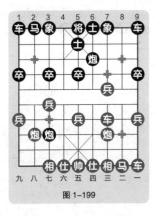

图 1-199

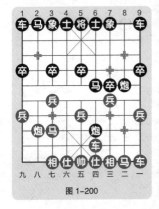

图 1-200

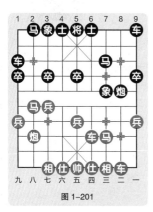

图 1-201

总结

　　红方第5回合送兵以及第6回合逼兑时，黑方的计划就已全盘落空，以致防线告急，而无论是变放马过河，还是变兑子苦守，都显处境不妙。只马孤行，以及不成熟地构筑"河头堡"工事，影响了其他子力的出动，也是本局黑方失利的原因。由此可见，在布局初段，应尽快地出动大子投入战局，以增强总体的作战能力，紧握时机，时不我待。

技巧16
献炮弃车

演示与解说

如图1-202所示，此时黑方强行起横车属对攻激烈的选择，若按以往而走象3进5，则将形成另一种稳健的变化。

如图1-203所示，黑方的平肋车给了红方空头炮的优势，当是最新的变化。

如图1-204所示，红方打中卒极易落入黑方巧设的弃"空头炮"的陷阱之中。其稳健的变化当属车二退三，车8进1，车九进一，炮8平7，车二进五，车6平8，车九平四，马6进7，炮五进四，则红方易走。

如图1-205所示，此时黑方进卒捉车，这是弃空头炮的第一理论依据。

如图1-206所示，黑方直接虎口献炮是简明的下法。

如图1-207所示，红方进兵乃是误入陷阱的贪攻变着，也是极易出现的应着。红方应改走炮五平八，马6进8，车三平四，车6进2，炮八平四，马8进7，兵三进一，炮8进7，车九进一，车8进6，车九平三，车8平6，则双方达成平稳局势。

如图1-208所示，红方若误走相七进五，则马6进7，车九进一，车8进7，车九平三，车6进6，马七退五，炮5退1，伏象3进5捉车之先，则黑方局势大优。

如图1-209所示，黑方大胆弃车。

如图1-210所示，黑方此时进马伏杀，致使红方失相而处劣势。

1. 炮二平五　　马8进7
2. 马二进三　　车9平8
3. 车一平二　　马2进3
4. 兵七进一　　卒7进1
5. 车二进六　　卒7进6
6. 马八进七
   车1进1　　（图1-202）
7. 炮八进四
   车1平6　　（图1-203）
8. 炮八平五　　（图1-204）
   马3进5
9. 炮五进四
   卒7进1　　（图1-205）

10. 车二平三
    炮2进1　　（图1-206）
11. 兵三进一　　（图1-207）
    炮2平5
12. 车三平五　　炮8平5
13. 兵三进一　　（图1-208）
    马6进7
14. 马七进六　　车6进6
15. 车九进二　　车6平1
16. 相七进九　　（图1-209）
    车8进7
17. 马三退五
    马7进8　　（图1-210）

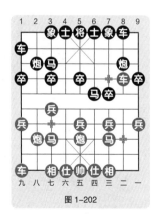

图 1-202

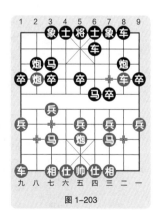

图 1-203

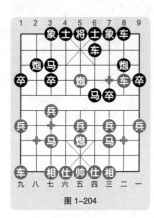

图 1-204

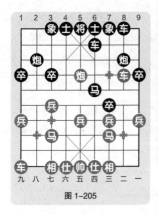

图 1-205

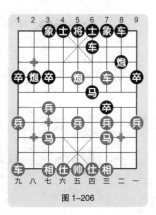

图 1-206

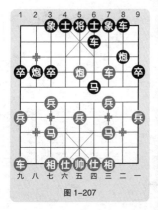

图 1-207

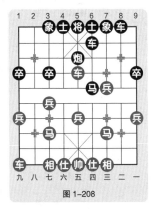

图 1-208

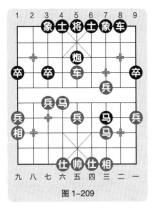

图 1-209

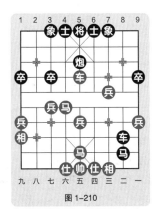

图 1-210

技巧17
起马对中炮

　　起马局是指首着跳马（马二进三或马八进七），寓攻于守。起马局是稳扎稳打的一种布局，可以作为对于后手喜攻好杀的人的一个考验，因为后手为了引起激烈的变化，往往会选择走成中炮的架势，而先手起马则不同，黑方后手无论哪一方向的中炮，红方都可以游刃有余地转变成反宫马、先手屏风马或三步虎对抗中炮，也是因为黑方后手都可以用这些着法与红方进行抗衡，才使红方可以稳持先手地进入预想的局面。

　　如图1-211所示，如上所述，红方已游刃有余地转变成先手屏风马。

　　如图1-212所示，黑车过河当属太急，应改走马2进1或马2进3为宜。

　　如图1-213所示，红方相七进五不如相三进五。

　　如图1-214所述，黑方炮2平4似先实后，因为招致了后续红方一连串的进攻手段。

　　如图1-215所示，此时红方大军压进，黑方已是无力回天了。

　　如图1-216所示，对弈至此，局面形成了早期的屏风马对当头炮的阵势，初学者应好好地学习和理解，才不至于只会背些流行的套路却不知其所以然。

1. 马二进三　炮8平5

2. 马八进七　（图1-211）
　　马8进7

3. 车一平二　车9平8

4. 兵七进一
　　车8进6　（图1-212）

5. 相七进五　（图1-213）
　　车8平7

6. 马七进六　马2进1

7. 炮二进七　马7退8

8. 车二进九　车7退2

9. 仕六进五　车7平4

10. 车九平六
　　炮2平4　（图1-214）

11. 马三进四　车4退1

12. 炮八进四　卒3进1

13. 炮八平五　士4进5

14. 炮五平一　卒7进1

15. 马四进五　车4进1

16. 兵七进一　车4平5

17. 炮一进三　将5平4

18. 炮一平三　将4进1

19. 车六平八　（图1-215）
　　车1平2

20. 车八进九　马1退2

21. 马六进七　炮4平3

22. 马七退五　（图1-216）

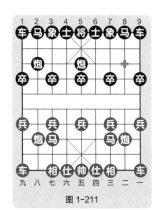

图1-211

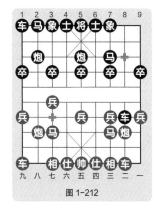

图1-212

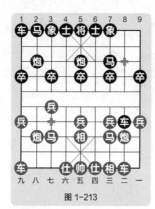

图 1-213

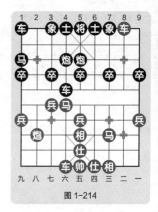

图 1-214

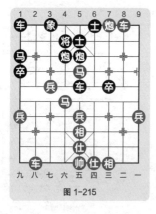

图 1-215

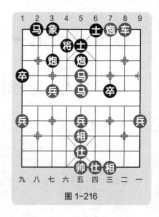

图 1-216

技巧18
起马对挺卒

如图1-217所示，首着马二进三，形成起马局。起马局既有飞相局以静制动的性质，又有仙人指路灵活多变的特点，因此时常被棋手们作为一种战略决策而应用于实战之中，以获出其不意之效。

如图1-218所示，黑方挺卒制马，可谓利己抑彼，具有双层效力，也是后手方采用最多的一种应着。

如图1-219所示，红方进七兵是为左马正起开道，继而则形成屏风马阵势，这也是先手方多见的一种下法。

如图10-220所示，黑方右马屯边形成了单提马之势，这是谋求稳健的不错选择。

如图1-221所示，红方挺兵制马，是为了伺机在边线作出突破，着法十分明快。

如图1-222所示，黑方飞左象是为了巩固阵地，属正着。此时红方主要有两种下法：兵九进一和相三进五，分述如下。

如图1-223所示，红方变兵九进一实属操之过急，因为黑方可以借红方阵形不稳之际，针对红方车立险地，而予以有效的攻击，继而夺得反先之势。

如图1-224所示，黑方退炮获得攻守两利，颇具弹性。

如图1-225所示，红方平车占肋，避开陷阱，当属正着。

如图1-226所示，黑方采用先弃后取的战术手段，取得了具有发展前景的优异局面。

如图1-227所示，红方变相三进五寓攻于守，是为了待机突破，此弈法含蓄而有力，因此取得优势也是顺理成章的。

如图1-228所示，此时黑方还有另外两种应法：第一种，炮2平4，车九平八，车1平2，炮八进五，则红方主动；第二种，炮8进2，兵三进一，卒7进1，相五进三，车1进1，相三退五，车1平6，炮八平九，则红方阵形舒展易走。

如图1-229所示，黑方冲卒通车，可缓解左翼压力，也是此时较好的一种应着，否则被红方炮八平九牵制后，会显处境不妙。

如图1-230所示，对弈至此，红方河口马已占据要津，形势大为有利。

1. 马二进三　（图1-217）
　　卒7进1　（图1-218）
2. 兵七进一　（图1-219）
　　马8进7
3. 马八进七
　　马2进1　（图1-220）
4. 兵九进一　（图1-221）
　　象7进5　（图1-222）

第一种：

5. 兵九进一　（图1-223）
　　卒1进1
6. 车九进五
　　炮8退1　（图1-224）
7. 车九平六　（图1-225）
　　士6进5
8. 相三进五　炮2平4

9. 马七进八　炮8进3
10. 车六退一　马1进2
11. 兵七进一　卒3进1
12. 炮八进三　卒3进1
13. 车六平七
　　炮8平2　（图1-226）

第二种：

5. 相三进五　（图1-227）
　　车1进1　（图1-228）
6. 兵九进一　卒1进1
7. 车九进五
　　卒3进1　（图1-229）
8. 兵七进一　车1平3
9. 马七进六　车3进3
10. 车九平七
　　象5进3　（图1-230）

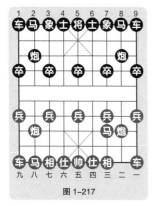

图 1-217

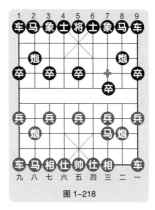

图 1-218

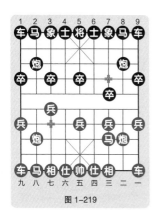

图 1-219

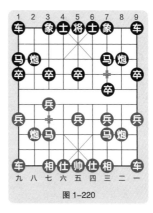

图 1-220

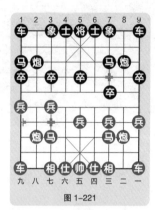

图 1-221

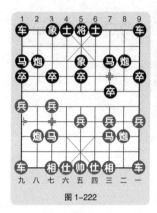

图 1-222

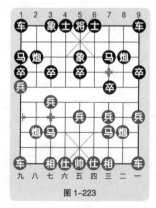

图 1-223

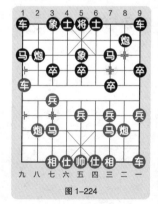

图 1-224

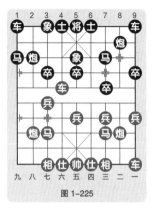

图 1-225

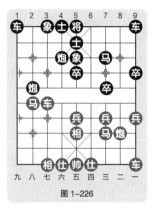

图 1-226

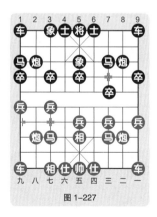

图 1-227

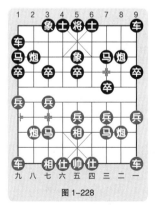

图 1-228

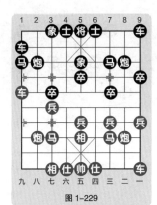

图 1-229

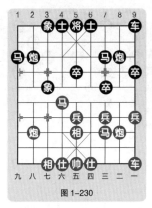

图 1-230

技巧19
进兵转中炮对
卒底炮飞右象

"进兵局"是指第一步走兵三进一或兵七进一，是一个比较复杂的开局。先手方进兵之后，有投石问路和试探的性质，随着对方的应着来决定自己的进攻策略，可以走成"顺手炮""列手炮""穿宫马""单提马"或先手"屏风马"等局势。总体而言，进兵局是凭着本身的功力，随机应变，虽不容易掌握攻守的规律，但首先开通了自己的马头，牵制对方马路，已经先行一步了，若是在正常的情况下，当然是不会吃亏的。

"卒底炮"又称"小当头"，是针对红方首先进兵，把顺向方面的炮摆在卒底进行牵制。如兵七进一，炮2平3，或者兵三进一，炮8平7。

如图1-231所示，此时棋面上很快形成进兵局对卒底炮的阵势。

如图1-232所示，红方转立中炮，黑方则飞右象来应对。

如图1-233所示，黑方选择跳起拐角马，这是早期的一种应着，意在掩护过河卒，以此与对方来争夺先手。时下较为流行的着法是车9进1，接着左车右调，均衡出子，反而更为协调。

如图1-234所示，黑方策马急进，与过河卒构成"桥头堡"阵地，欲封锁红方左翼兵力。就其战术而言，此着法带有"出奇制胜"的意图。这在以往多走卒3平2，相七进五，马8进7，以下红方有炮五退二或炮五平四的两种下法，会另有不同的变化。

如图1-235所示，红方飞相弃马，意在为八路车开辟通道，此着法精警有力，可谓极具战略眼光的佳构——不仅对黑方采取了先弃后取战术，而且一举粉碎了黑方的计划。

如图1-236所示，黑方若改走马2进1，则车八进二，卒3平4（若马8进7，则炮五退一，红方势优），炮六平九，则红方出子领先，占据主动。

如图1-237所示，就实战效果来看，黑方改走卒3平4较为顽强，以下红方马九进七，则卒4进1，马七进六，马2退4，炮六进三，车1平4，炮六平八，马8进7，炮五退一，车9平8，则黑方虽落于后手，但不乏战术机会。

如图1-238所示，一段交手之后，红方阵地上薄弱的边马被黑方以"强马"兑去，得失因此而易见。仔细分析可知，黑方第8回合的跃马是急于反击，但战术并未奏效，反而造成疑形，遭到了红方有力的攻击。

如图1-239所示，此时黑方进马反扑，不甘落后；红方则回马以退为进，这一着法倒是机警，致使黑方计划再次落空。

如图1-240所示，黑方这一着法有重复嫌疑，但也是为了给中马寻找出路，当属无奈。

1. 兵七进一　　　　　　　　象3进5　（图1-232）
   炮2平3　（图1-231）　　3. 马二进三　卒3进1
2. 炮二平五　　　　　　　　4. 车一平二　卒3进1

5. 马八进九

　　马2进4　　（图1-233）

6. 车九平八　　士4进5

7. 炮八平六　　马4进3

8. 炮五进四

　　马3进2　　（图1-234）

9. 相七进五　　（图1-235）

　　炮3平2　　（图1-236）

10. 车八平七

　　马8进7　　（图1-237）

11. 炮五退二　　马7进5

12. 相五进七　　车1平4

13. 仕六进五　　炮2平3

14. 车七平八　　马2进1

15. 相七退九　　（图1-238）

　　马5进6

16. 马三退一　　（图1-239）

　　炮8平9

17. 车二进四　　马6退5

18. 马一进三　　炮9平7

19. 相三进五

　　炮7进4　　（图1-240）

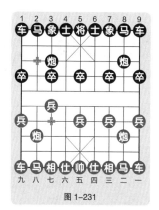

图1-231

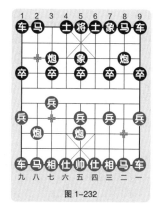

图1-232

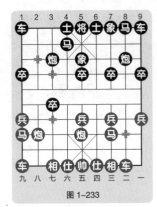

图 1-233

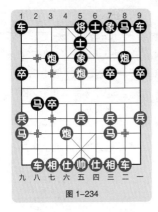

图 1-234

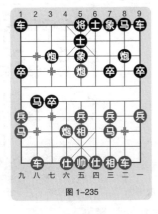

图 1-235

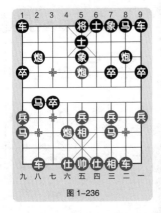

图 1-236

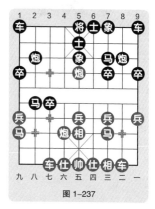

图 1-237

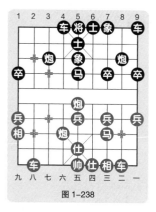

图 1-238

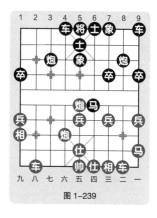

图 1-239

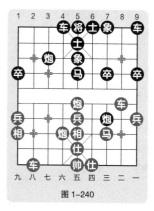

图 1-240

技巧20
进兵转中炮对卒底炮还顺手炮

演示与解说

如图1-241所示，黑方顺向补还中炮，即还顺手炮，与红方形成互相牵制之势，立意对攻。

如图1-242所示，红方立即上马，出子较为迅速。

如图1-243所示，黑方冲卒作为反击，是十分诱人的一种下法，因为一旦成功，势必会动摇红方的先手。然而遗憾的是，黑方的此举有冒进嫌疑，时机并不成熟。因此此手应改走车9进1或车2进4。此时红方主要有两种着法：马七进六和车二进五，现分述如下。

如图1-244所示，此着仓促出行，似紧实松。因为红方阵形若是不够稳固，则极易给黑方利用的机会。

如图1-245所示，红方强行进炮，意在封压黑方的子力。当然，走车二进四显然不行，因为黑方有车2进3的手段，会使红炮立足不稳，陷入尴尬处境。

如图1-246所示，好着！此着一举粉碎了红方并不成熟的攻势。

如图1-247所示，此时黑方因具有反击之势，当可乐观。

如图1-248所示，红方点车骑河，获得攻守两利，也是对黑方冲卒反击的最有力的回应。同样是进车，但若是走车二进四，黑方可车9平8抢先邀兑。

如图1-249所示，黑方若改走卒5进1，则红方大占先手。

如图1-250所示，红方在几乎是强制性地使黑卒过河之后，一步平车击双，正中了要害，也算是类似局面下典型的先弃后取手段。

如图1-251所示，此时局面，黑方只好如此换子。

如图1-252所示，转换之后，黑方因为阵形欠协调，已然跌入下风。故现黑方起横车策应右翼，以作顽强抵御。

如图1-253所示，这是一着两用的好棋！此着既能封压黑方的子力，又可阻止黑方车9平3的邀兑。

如图1-254所示，对弈至此，红方占有空间优势，并且前景良好。

1. 兵七进一　炮2平3

2. 炮二平五
   炮8平5　（图1-241）

3. 马二进三　马8进7

4. 车一平二　马2进1

5. 马八进七　（图1-242）
   车1平2

6. 车九平八
   卒3进1　（图1-243）

第一种：

7. 马七进六　（图1-244）
   卒3进1

8. 马六进五　马7进5

9. 炮五进四　士4进5

10. 炮八进五　（图1-245）

　　将5平4　（图1-246）

11. 炮八退一　马1进3

12. 相七进五　马3进4

13. 炮五退二
    卒3进1　（图1-247）

第二种：

7. 车二进五　（图1-248）
   卒3进1　（图1-249）

8. 车二平七　（图1-250）
   卒3进1　（图1-251）

9. 车七进二　卒3进1

10. 车七退五
    车9进1　（图1-252）

11. 炮八进五　（图1-253）
    车9平4

12. 兵三进一　车4进1　　　14. 炮五退一　（图1-254）

13. 炮八进一　卒1进1

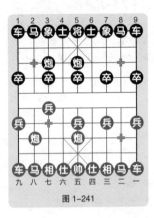

图 1-241

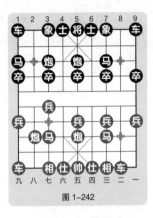

图 1-242

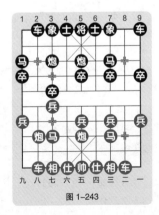

图 1-243

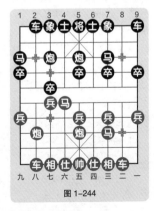

图 1-244

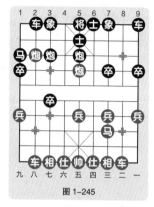

图 1-245

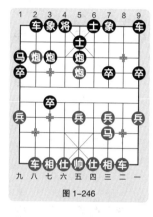

图 1-246

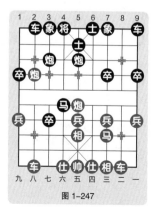

图 1-247

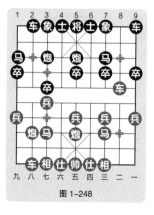

图 1-248

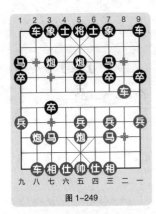

图 1-249

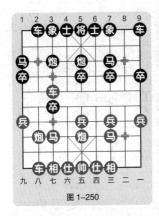

图 1-250

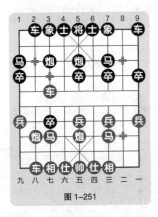

图 1-251

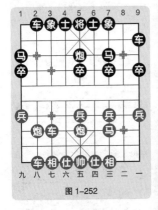

图 1-252

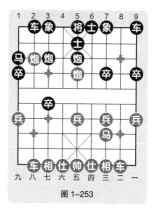

图 1-253

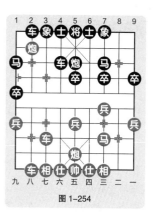

图 1-254

技巧21
进兵转中炮对卒底炮列手炮

"列手炮"简称列炮，是指第一回合双方都逆向摆中炮（即炮二平五，炮2平5或炮八平五，炮8平5），立意对攻。

如图1-255所示，黑方补架列炮，针锋相对地应着，是一步"官着"。

如图1-256所示，黑方冲卒作为反击，力争对抗的局面，是较好的一种选择。

如图1-257所示，黑方起横车策应右翼，乃是常见的一种下法。黑方另有马2进1均衡出子的选择，意在左车待机而动，也较为可取。

如图1-258所示，黑方升炮巡河，意在通过炮3平7的威胁，先手之中为右马正起而开辟通道，来加强自己整体局势的对抗能力。此着虽是自然而合理，但在一个回合后，红方的妙手攻击会使黑方的计划变得黯然失色。此种情形下，以往多走车9平4，炮二进四，马2进1，车二进五，车4进2，兵三进一，车1进1，则双方形成互缠之势，红方易走。

如图1-259所示，针对黑方阵形上的隐性弱点，红方采用探炮骑河手段，进行凌空虚点，乃布局的手筋。如此一来，黑方子力协调不及。

如图1-260所示，黑方迫于压力而平车过肋，放任红方渡兵，也实属权宜之计。

如图1-261所示，红方乘势渡过三兵，取得了较为满意的收获。而黑方跃马意在谋取中兵。

如图1-262所示，黑方高起横车，意在平肋胁迫红方兑掉中炮，力图简化双方局面。

如图1-263所示，此时红方避免兑子，属当然之着。

1. 兵七进一　炮2平3

2. 炮八平五

　　炮8平5　（图1-255）

3. 马二进三　马8进7

4. 车一平二

　　卒3进1　（图1-256）

5. 马八进九　卒3进1

6. 车九平八

　　车9进1　（图1-257）

7. 仕六进五

　　炮3进2　（图1-258）

8. 兵三进一　马2进3

9. 炮二进三　（图1-259）

　　车9平4　（图1-260）

10. 兵三进一　炮3平8

11. 兵三平二

　　　马3进4　（图1-261）

12. 车二进四　马4进5

13. 马三进五　炮5进4

14. 车八进三　炮5退2

15. 车二平七

　　　车1进2　（图1-262）

16. 兵二进一　车1平4

17. 车八平五　炮5进3

18. 相三进五　前车进4

19. 车五进一　（图1-263）

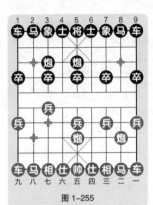

图 1-255

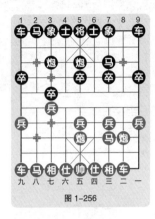

图 1-256

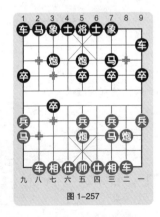

图 1-257

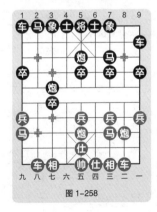

图 1-258

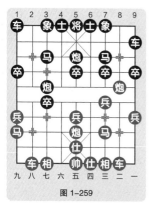

图 1-259

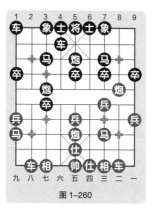

图 1-260

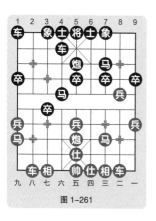

图 1-261

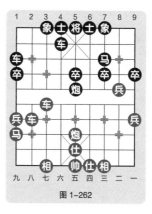

图 1-262

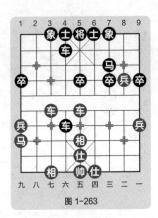

图 1-263

技巧22
进兵对挺卒

如图1-264所示，黑方挺卒对兵，很快形成对兵局。

如图1-265所示，黑方飞右象是一种老式应着，现今多走炮2平5或炮8平5架炮还击，而且双方变化丰富多彩，对攻亦是激烈。

如图1-266所示，红车选择巡河稳步推进。红方也可改走炮八平五，以取快攻之势。

如图1-267所示，平炮邀兑，看似自然着法，实则黑方自行削弱了阵形，并无好处。若改走炮2进2，则较为积极。

如图1-268所示，红方兑车，若是想保持复杂局面，应选择车二平六，但不如兑车来得简明，并且易于掌握。

如图1-269所示，红方迅速出动横车，前赴后继，对准黑方薄弱左翼攻击目标，招法相当紧凑。

如图1-270所示，黑方边炮轻发不利于防守，反而进一步恶化了局势。此时较为稳妥的着法应该是炮9平6，以内线调整为宜。

如图1-271所示，红方弃兵，此着有如神笔，用意深远，可作为展形扩势的有力手段。

如图1-272所示，在追逐黑卒之机，红方活跃子力扩大先手，而黑方迫于无奈主动平卒送吃，寄希望于红方随手炮八平四，以便马9进7，炮四进三，车1平3，车二平八，炮2进4，借此透松局面。然而，红方并不为小利所动，而是跃马出击，使全局子力为之活跃，局面顿时显得生动。

如图1-273所示，此时黑方仍有两种走法，但仍无法改善局面：第一种，若马9进7，则红方车二进二；第二种，若卒6进1，则红方炮三进五，车1平3，炮八退二，均可消灭黑卒。

如图1-274所示，红方选择退炮适时地灭掉了黑卒，此次攻守节奏恰到好处。黑方平炮打兵，力争在物质力量上取得均衡。

如图1-275所示，前面黑方在逆境中煞费苦心，上手退马欲施"苦肉计"，然红方推炮压境紧缩包围圈，使大局了然。

1. 兵七进一
   卒7进1   （图1-264）

2. 炮二平三
   象3进5   （图1-265）

3. 马二进一   马8进7

4. 车一平二   车9平8

5. 车二进四   （图1-266）
   马2进3

6. 马八进七
   炮8平9   （图1-267）

7. 车二进五   （图1-268）
   马7退8

8. 车九进一   （图1-269）
   炮9进4   （图1-270）

9. 车九平二   马8进9

10. 兵三进一   （图1-271）
    卒7进1

11. 炮八进二   卒7平6

12. 马一进三   （图1-272）
    卒6进1

13. 马三进四
    炮9平7   （图1-273）

14. 相三进五   车1进1

15. 炮八退一
    炮7平5   （图1-274）

16. 马七进五   卒6平5

17. 炮三进五   车1平6

18. 马四进二   马9退7

19. 炮八进三   （图1-275）

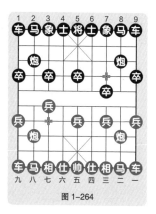

图 1-264

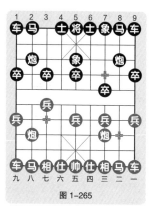

图 1-265

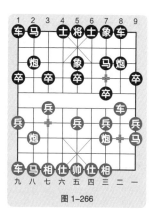

图 1-266

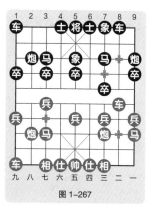

图 1-267

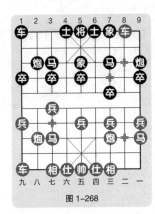

图 1-268

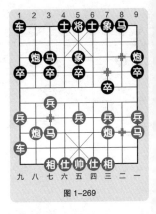

图 1-269

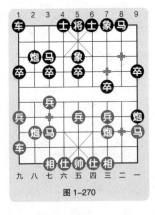

图 1-270

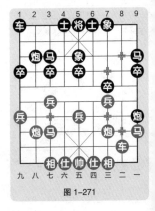

图 1-271

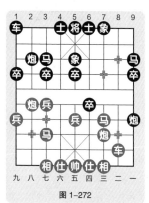

图 1-272

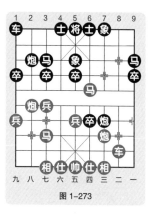

图 1-273

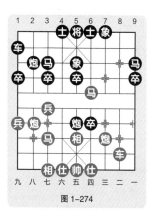

图 1-274

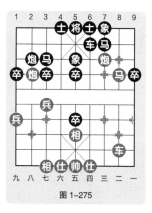

图 1-275

技巧23
进兵对进马

演示与解说

如图1-276所示，黑方以马8进7与红方兵三进一作为交换，可谓是着法新颖，别具一格。

如图1-277所示，此着平炮射兵，其主要目的是为了避开"仙人指路转右中炮"的流行变化，以便将局势引向较为生疏的轨道，再与对方大斗散手棋。

如图1-278所示，红方若是改走相三进五，则占优势。

如图1-279所示，前面红方上右马放任黑卒过河，接着抢出大子趁机争先，这乃"兵方"常用的战术。现黑方冲卒对攻将计就计，同样也是"炮方"当仁不让的必然应着。

如图1-280所示，黑方右马屯边尽快出动大子，属正着。

如图1-281所示，红方还是改走相七进五较为稳妥，但此着进炮打马可成弃相争先之势，所以亦属可行之策。

如图1-282所示，对弈至此，枰面上形成黑方得相，红方子力活跃的两分之势。

1. 兵七进一	4. 马八进九　卒3进1
马8进7　（图1-276）	5. 车九平八
2. 兵三进一	马2进1　（图1-280）
炮2平3　（图1-277）	6. 炮八进五　（图1-281）
3. 马二进三　（图1-278）	炮3进7
卒3进1　（图1-279）	7. 车八平七　炮8平2

8. 车七进四　象3进5

9. 车一平二　车1平2

10. 兵九进一　（图1-282）

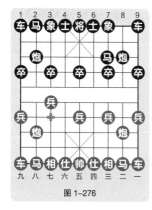

图 1-276

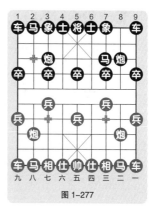

图 1-277

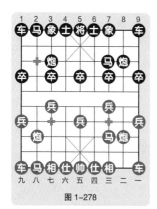

图 1-278

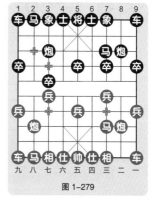

图 1-279

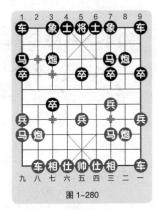

图 1-280

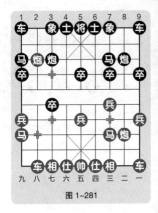

图 1-281

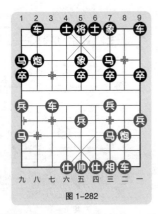

图 1-282

技巧24
飞相对左炮过宫

演示与解说

　　"飞相局"是指首着飞相（相一进五或相七进五），寓攻于守。飞相局属柔性布局，其战略意图是"先使己不可胜，而待敌之可胜"，黑方正是针对这一点而拟订了"以快制慢"的中炮局、"以静制静"的进马局、"以柔制柔"的挺卒局等风格各异的多种布局类型。

　　"过宫炮"虽属先手布局，但用于后手应对飞相局也是行之有效的，因此也是采用率最高的布局。过宫炮的战略意图是"攻守兼备，伺机反击"。它的具体步骤是首着动炮过宫落士角，接着出动同侧车、马，然后跃马河口，构成肋炮在窥视对方子力的同时，又掩护着河口马的理想阵势，这种阵容是非中炮型布局最科学严谨的马、炮结构。

　　同中炮局相比，飞相局似乎注重防守，其实不然，它同中炮一样有一套自己的攻防体系。而中炮是直观的，在理论上易懂，实践中也容易掌握。飞相局在理论上是相当强的，动作极为细腻，经常是在平平淡淡的局面下不知不觉就发生了变化，因此在运用上有难度，全靠中残局功力，若是掌握不当，失利要比其他布局更快。

　　如图1-283所示，红方首着相三进五，弈成飞相局，寓攻于守，以静制动。

　　如图1-284所示，黑方以左炮过宫应红方飞相局，也是比较流行的走法。

　　如图1-285所示，实践证明，黑方先挺7卒是比较有力的应着。

如图1-286所示，红方进兵乃正着。

如图1-287所示，红方平炮亮车，待机而动，这一着法较为含蓄。此时黑方可走象3进5、车9平3、马2进1。下面以车9平3为例继续讲解。

如图1-288所示，黑方"卒后藏车"是既定构思。

如图1-289所示，此时黑方若改走炮2平3，则红方炮七平六，红方好走。

如图1-290所示，红方挺边兵属于以逸待劳的走法，是实战中常用的一种战术。此时红方另有两种走法：若是兵三进一，则各有千秋；若是车八进六，则势均。

如图1-291所示，黑方平炮兑车，虽然失去一先，然局势平稳尚无大碍，若是改走炮4进5，则红方好走。

如图1-292所示，红方若改走兵九进一，则黑方炮4进1，这样发展下去红方九路马会较为呆板。

如图1-293所示，对弈至此，红方因多一边兵而略为好走。

1. 相三进五　（图1-283）
　 炮8平4　（图1-284）

2. 马二进三　马8进7

3. 车一平二
　 卒7进1　（图1-285）

4. 兵七进一　（图1-286）
　 车9进1

5. 炮二平一　（图1-287）
　 车9平3　（图1-288）

6. 车二进四　卒3进1

7. 炮八平七
　 象3进5　（图1-289）

8. 马八进九　马2进1

9. 车九平八　车1平2

10. 兵九进一　（图1-290）
　　 炮2平3　（图1-291）

11. 车八进九　马1退2

12. 马九进八　车3平2

13. 马八进九　车2进2

14. 炮七平九　炮4进5

15. 马三退二 （图1-292）

　　炮4平9

16. 马二进一　卒3进1

17. 车二平七　炮3平1

18. 兵一进一 （图1-293）

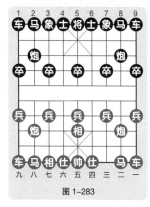

图 1-283

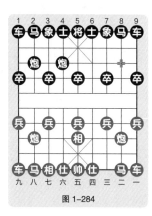

图 1-284

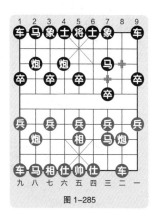

图 1-285

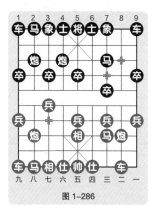

图 1-286

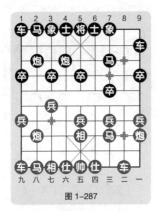

图 1-287

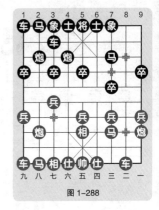

图 1-288

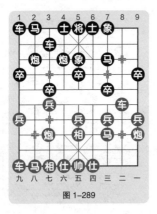

图 1-289

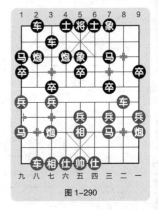

图 1-290

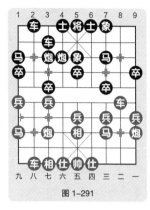

图 1-291

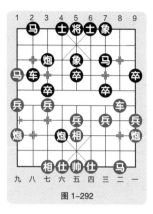

图 1-292

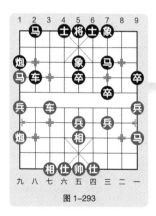

图 1-293

一学就会的100个象棋实战技巧

如图1-294所示，黑方还中炮是一种强硬的对抗手段。

如图1-295所示，古谱中，这一回合红方多走马三进四，以下马8进7，马四进六（若马八进九，则卒5进1），车9平8，炮二平三，炮5进4，仕四进五，炮5平4，车一平四，炮2进2，车四进三，炮2平1，炮八平九（若马八进九，则炮4平1打双车），炮1平5，至此，黑方占优。

如图1-296所示，黑方有另外一种选择：车9平8，车一平二，车8进6，兵三进一，至此，双方各具攻守。在现代的布局中，双方都非常注重左右两翼的协调。对弈至此，双方的马都已活动。

如图1-297所示，红方另有炮二进三的选择，以后可以退左炮对黑方施加压力。此时红方出车保炮，形成先手屏风马进三兵对左中炮边马的阵型，贯彻了稳扎稳打的战略意图。

如图1-298所示，黑方平士角炮存有串打手段，这对红方子力会有牵制作用。黑方利用红方多飞了一步相，六路士角形成了一个弱点，而使红方左炮暂时不能任意移动，同时又可顺利地亮出自己的右车。黑方若炮2平3，红方则炮八进二，这样一来，红方先补一手，相的威力就得到充分的发挥而占先。

如图1-299所示，红方若改走炮二进四，则车1平2，车九平八，车2进6（若走士4进5，则炮八进四封车，红方先手），炮八平九，车2平3，至此，黑方并不吃亏。

如图1-300所示，黑方急进过河车是较陈旧之着，由于红方有炮二进一之着，使黑车难以发挥效率，故非理想之着，因此，此时应改走车2进4为宜。

如图1-301所示，黑方若改走车2平4，则炮二平三，车8进9，马三退二，至此，红方稍优。此时红方有两种走法：马七进六和炮二平三，现分述如下。

如图1-302所示，此着紧凑。红方若改走炮二平三，则车8进9，马三退二，象7进9，马二进三（若走炮三进三，则车6退1），卒7进1，至此，双方势均。

如图1-303所示，此着为灵活之着，伏有车8平4打仕，又可消除红方进马打车的先手。

如图1-304所示，好棋！此着弃兵解围，让黑方计划落空。

如图1-305所示，此时红方应改走车八进八，则士4进5，兵九进一，炮5平6，炮二进五，炮6退1，车八退一，炮6进1，车八进一，车6退3，炮二平三，炮4进6，车八退七，炮6平3，车八平六，车6退2，车六平八，车6平7，车八进六，至此，红方占优。

如图1-307所示，红方若改走炮三进三，则黑方车6退1。

如图1-308所示，对弈至此，双方势均。

1. 相三进五
   炮8平5　（图1-294）
2. 马二进三
   马8进7　（图1-295）
3. 马八进七
   马2进1　（图1-296）
4. 兵三进一　车9平8
5. 车一平二　（图1-297）

炮2平4　（图1-298）
6. 仕四进五　（图1-299）
   车1平2
7. 车九平八
   车2进6　（图1-300）
8. 炮二进一　卒1进1
9. 兵七进一　车2退2

10. 炮八平九
　　车2平6　　（图1-301）

第一种：

11. 马七进六　（图1-302）
　　车6平4

12. 马六退四
　　车8进1　（图1-303）

13. 兵七进一　（图1-304）
　　车4平3

14. 马四进二　　车8平6

15. 马二进三　　车6进5

16. 炮二进二　（图1-305）

第二种：

11. 炮二平三　（图1-306）
　　车8进9

12. 马三退二　　象7进9

13. 马二进三　（图1-307）
　　卒7进1　（图1-308）

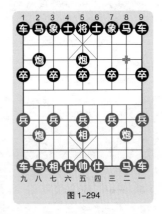

图1-294

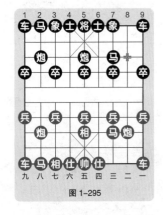

图1-295

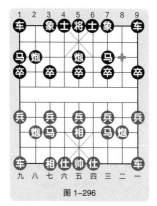

图 1-296

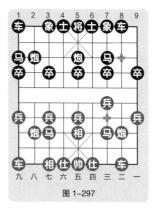

图 1-297

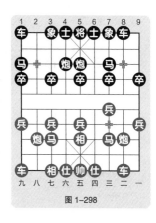

图 1-298

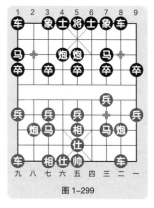

图 1-299

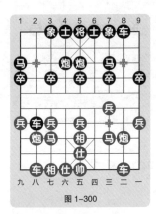

图 1-300

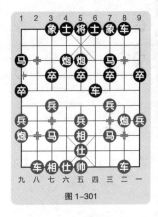

图 1-301

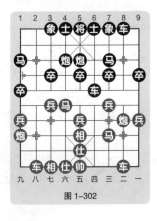

图 1-302

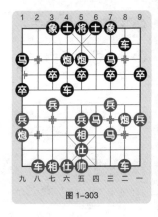

图 1-303

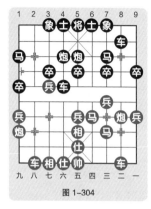

图 1-304

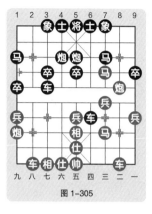

图 1-305

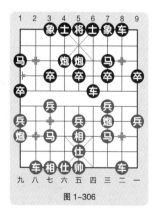

图 1-306

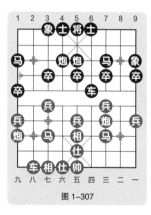

图 1-307

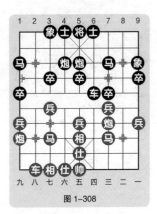

图 1-308

技巧 26
飞相对右炮过宫

如图1-309所示，黑方右炮过宫，具有阵形巩固、能够保持平衡的局面的特点。

如图1-310所示，红方挺兵制马，兼通己方马路，可谓正着。

如图1-311所示，前面红方先挺七兵，现再平炮士角，其意在形成先手反宫马布局的阵势。

如图1-312所示，此时黑方若改走马8进9，则红方势优。

如图1-313所示，此时黑方有五种选择：车2进6；士6进5；车2进4；象7进5；卒7进1。下面以车2进6为例进行讲解。

如图1-314所示，黑方进车卒林以谋对攻，是力争主动的走法。

如图1-315所示，黑方此时另有两种走法：若车2平3，则红方好走；若士6进5，则形成对峙局面。

如图1-316所示，红方此时若改走兵三进一，则双方势均。

如图1-317所示，对弈至此，黑方势优。

1. 相三进五
   炮2平6　（图1-309）
2. 兵七进一　（图1-310）
   马2进3
3. 炮八平六　（图1-311）
   车1平2　（图1-312）

4. 马八进七　马8进7
5. 车九进一　（图1-313）
   车2进6　（图1-314）
6. 车九平四
   炮6平4　（图1-315）

7. 马七进六 （图1-316）
　　卒7进1

8. 兵七进一　车2平4

9. 马六进四　马7进6

10. 炮六进五　马6进7

11. 车四进二
　　卒7进1　（图1-317）

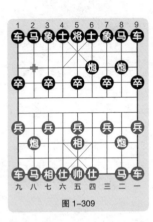

图1-309

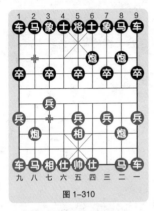

图1-310

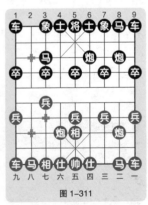

图1-311

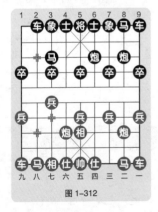

图1-312

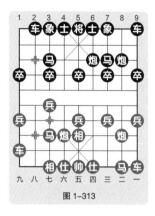

图 1-313

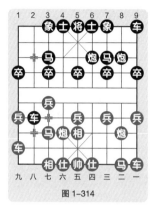

图 1-314

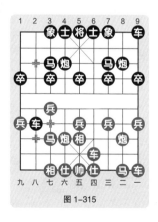

图 1-315

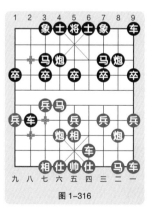

图 1-316

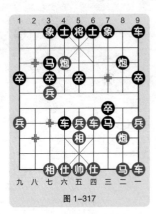

图 1-317

技巧27
飞相对金钩炮

"金钩炮"是指针对红方首着进兵，把逆向方面的炮摆在卒底进行牵制。如兵七进一，炮8平3或者兵三进一，炮2平7。这是一种冷僻布局，意图是把棋子归于一边，但是一旦调整不佳，则会造成自己的棋子阻塞。

如图1-318所示，黑方双炮集中左翼，争取主动，这也是一种积极的应法。此时红方选择较多：马八进七；马八进九；兵七进一；车九进一；兵三进一。下面以马八进七为例继续讲解。

如图1-319所示，此时红方抢出左直车，开展了左翼子力，控制了黑方右翼。

如图1-320所示，黑方也可改走卒3进1。

如图1-321所示，红方跳出转角马，意为待机挺兵邀兑，正着。

如图1-322所示，对弈至此，黑方多卒略占优势。

1. 相三进五
   炮2平7　（图1-318）
2. 马八进七　马2进3
3. 车九平八　（图1-319）
   车1平2　（图1-320）
4. 炮八进四　卒3进1
5. 炮八平七　象7进5

6. 车八进九　马3退2
7. 马二进四　马8进6
8. 马四进六　（图1-321）
   马2进1
9. 炮七平六　马1退3
10. 炮六平七　炮8平9
11. 炮二进四　炮7进4

12. 兵七进一　炮7进1	16. 炮七平八　车9平8
13. 仕四进五　炮7平4	17. 车一平二　卒5进1
14. 仕五进六　卒3进1	18. 马七进六
15. 相五进七　马3进1	炮9进4　（图1-322）

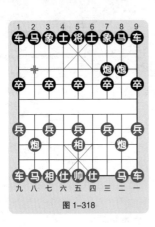

图 1-318

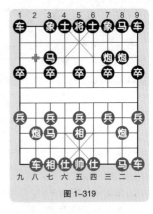

图 1-319

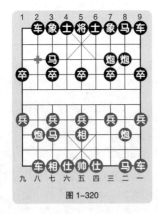

图 1-320

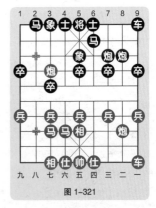

图 1-321

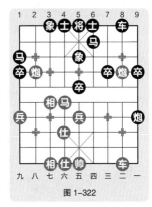

图 1-322

技巧28
飞相对仙人指路

一学会炮的100个象棋实战技巧

"仙人指路"是指首着进三路兵或七路兵（兵三进一或兵七进一），预先开通一支马路，并窥视对方调子动向以利采取相应对策。

如图1-323所示，红方以"兵底炮"直接向黑方进3卒发起挑战。

如图1-324所示，此着黑方右马屯边避炮锋是20世纪70年代以来应付"兵底炮"最为流行的一种着法。

如图1-325所示，黑方架中炮反击，这是一种较为强硬的应法，一般多被具有攻击性的棋手采用。

如图1-326所示，此时黑方若卒3进1，红方则马四进五，以下红方可马五进七或车四平七吃卒，红方有利。

如图1-327所示，红方兑兵后，黑方扬起高象，以遏制红马的进路。

如图1-328所示，红方挺边兵，既制彼马，又活己马。

如图1-329所示，黑方兑车简化局势，较为明智，因为黑方已多了一中卒，现左车已入兵线，因此随时可以扫兵。

如图1-330所示，对弈至此，黑方多卒而易走。

1. 相三进五　卒3进1　　　　　炮8平5　（图1-325）

2. 炮八平七　（图1-323）　　5. 车九平四　马8进7

　　马2进1　（图1-324）　　6. 车四进三　炮5进4

3. 马八进九　车1平2　　　　7. 仕四进五　炮5退2

4. 车九进一　　　　　　　　　8. 马二进四　象3进5

9. 兵七进一
　　车9平8　　（图1-326）

10. 兵七进一
　　象5进3　　（图1-327）

11. 马四进五　象7进5

12. 车一平四　士4进5

13. 兵九进一　（图1-328）
　　车8进6

14. 前车平八　卒7进1

15. 马九进七
　　炮2平4　　（图1-329）

16. 车八进五　马1退2

17. 马七进六　马2进1

18. 车四进六　炮4进1

19. 车四退二
　　车8平9　　（图1-330）

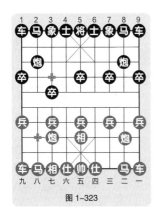

图1-323

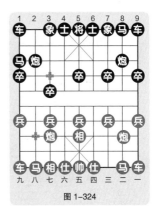

图1-324

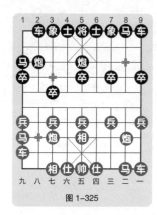

图 1-325

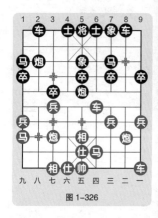

图 1-326

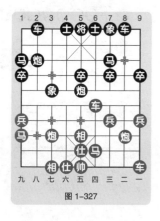

图 1-327

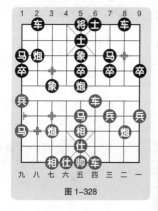

图 1-328

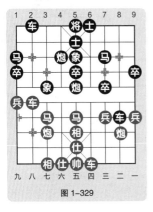

图 1-329

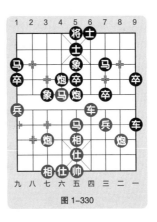

图 1-330

技巧29
飞相对飞象

演示与解说

一学就会的100个象棋实战技巧

黑方飞象应对飞相局是一种历史悠久的布局，它在实践中颇受实力型棋手们青睐。黑方飞象的战略思想与红方飞相相同，既是稳健、柔顺、缓进，也是以静制静的典型，寓攻于守。此布局中，双方战线往往拉得较长，而且理论性较强，因此走子次序需要细致准确。由于得失往往会在不知不觉中发生，难度较高，不易掌握。

如图1-331所示，黑方选择跳边马，准备迅速出动右车。

如图1-332所示，黑高横车准备过宫占肋，积极的着法。

如图1-333所示，此时黑方勇弃3卒，力争主动。

如图1-334所示，红方若改走兵七平六，则占优。

如图1-335所示，红方此时可走：车四进三；炮八平六；车四进五。下面以车四进三为例继续讲解。

如图1-336所示，红方升巡河车，乃稳健着法。

如图1-337所示，红方马踏中卒，略显急躁，应当改走马二进三，则马8进7，仕四进五，车9平6，车一平4，如此一来，红方略先。

如图1-338所示，黑方若改走车3平5，则车四平五，车5平4，马二进四，此时，红方占得先手。

如图1-339所示，佳着，若是改走车6进6，红方略占优势。

如图1-340所示，红方若改走后马进六，则黑方势优。

如图1-341所示，此时黑方若改走车6平5，则红方优势。

如图1-342所示，棋局至此，黑方略占主动。

1. 相三进五　　象7进5
2. 兵七进一
　　马2进1　　（图1-331）
3. 马八进七
　　车1进1　　（图1-332）
4. 车九进一
　　卒3进1　　（图1-333）
5. 兵七进一　　车1平3
6. 车九平四　　（图1-334）
　　车3进3
7. 马七进六
　　炮2平4　　（图1-335）
8. 车四进三　　（图1-336）
　　士6进5

9. 马六进五　　（图1-337）
　　车3平4　　（图1-338）
10. 马二进四　　马8进9
11. 炮八平六　　车4平5
12. 车四平五　　车5进1
13. 兵五进一　　车9平6
14. 马四进五
　　炮4进4　　（图1-339）
15. 兵五进一　　车6进5
16. 仕四进五　　马1进3
17. 车一平四　　（图1-340）
　　车6进4　　（图1-341）
18. 帅五平四
　　马3进5　　（图1-342）

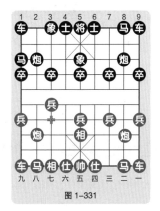

图1-331

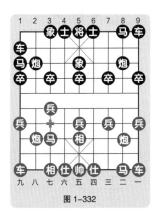

图1-332

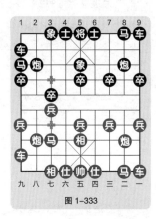

图 1-333

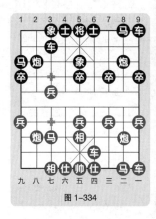

图 1-334

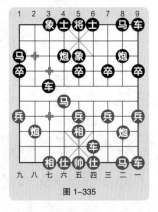

图 1-335

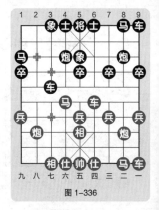

图 1-336

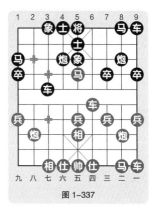

图 1-337

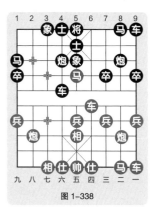

图 1-338

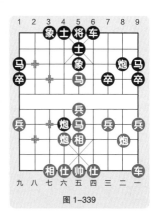

图 1-339

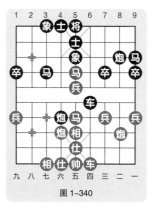

图 1-340

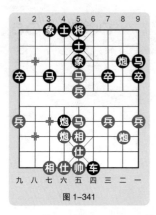

图 1-341

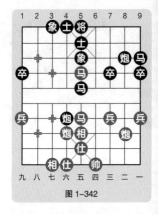

图 1-342

第二章
中局实战技巧

　　象棋的中局是指阵势布列之后双方棋子接触进行激烈搏杀的局面，其介于开局与残局之间。双方中局阶段的较量，一般来说，重点在于子力的交换和调运。掌握中局的技巧，就是重点掌握"兑子""弃子""运子"等几个方面内容。

　　中局阶段可谓是极其错综复杂，由于双方子力是短兵相接、犬牙交错，因此稍有不慎就会贻误战机。倘若熟练地掌握中局阶段的一些战术技巧，并通过精确计算，把握住稍纵即逝的机会，就可使棋局的形势向己方有利的方面转化，从而扩大己方的优势甚至挽救败局。中局变化多端，无规律可循，全凭硬功夫，因此它在一局棋中的地位也十分显赫和关键，要学会在实战中找寻规律，在对杀中找寻技巧。

　　本章经收集和整理，选出三十例中局的精彩佳构，具有一定的实用价值和欣赏价值，通过这些实例，读者可以在欣赏中局实战技巧的同时，提高自己的中局搏杀能力。

技巧30
两弃车马成胜局

　　图2-1所示是某年"将军杯"全国象甲联赛第15轮河北与黑龙江两选手的一盘对局，枰面上是双方以中炮横车七路马对屏风马两头蛇弈至第11回合的瞬间阵型，此时黑方炮8退3暗藏打死红车的凶着，现轮红方行棋，且看其如何应着。

　　如图2-2所示，此时红方若车七退一去马，则炮2平3，车七平八，炮3进5，仕六进五，炮3退6，至此，黑方得回失子，赚象多卒，占得优势。

　　如图2-3所示，红方平炮乃妙着！此着是获胜的关键，既暗保七路马，又同时设下圈套，将引诱战术运用得淋漓尽致。

　　如图2-4所示，黑方中计！至此红方三子归边，具有强大攻势，而黑方无佳着应付。

　　如图2-5所示，红方大胆弃车，精彩！这是继炮五平六后的一个连续动作。此时黑方若炮3退3而去车，则马九进七，将5进1，炮八退一，马后炮杀，红方胜。

　　如图2-6所示，红方再度弃车，妙哉！此时黑势已危。

　　如图2-7所示，此时黑方若改走炮3退3而去马，则炮八平四，将6退1，车八平五，绝杀，红方胜定。

　　如图2-8所示，黑方平炮也是不得已而为之。若是炮3退3而吃马，则红方炮六平四，再马五进四，杀。

　　如图2-9所示，佳着！红方强行打炮兼马四进三双将杀。

　　如图2-10所示，此时黑方若将6平5，则红方车八平五杀。

　　如图2-11所示，棋局至此，黑方见大势已去，遂推枰认负。

12. 车二平六　车4进3

13. 马七进六　卒3进1

14. 马六进七　炮2进1

15. 相七进九　（图2-2）

　　炮2平3

16. 炮八进七　士5进4

17. 炮五平六（图2-3）

　　炮8退1　（图2-4）

18. 马七进九

　　马3进2　（图2-5）

19. 车七进一　将5进1

20. 马九进七

　　将5平6　（图2-6）

21. 炮八退一　将6进1

22. 车七平八　马2退3

23. 炮八退七

　　炮8进4　（图2-7）

24. 马三退五

　　炮8平1　（图2-8）

25. 马五进四　炮3平6

26. 炮八平四（图2-9）

　　将6退1

27. 马四进五

　　炮6进5　（图2-10）

28. 炮六平四　将6平5

29. 车八平五　将5平4

30. 前炮平六　卒3平4

31. 炮四平六　（图2-11）

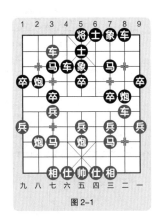

图 2-1

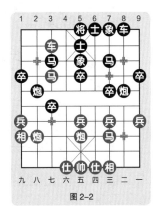

图 2-2

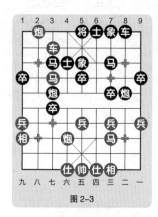

图 2-3

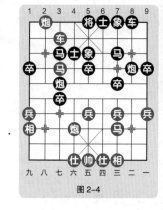

图 2-4

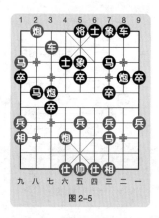

图 2-5

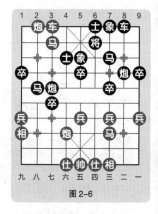

图 2-6

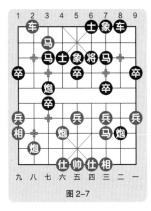

图 2-7

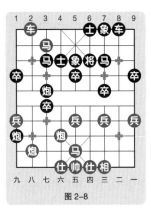

图 2-8

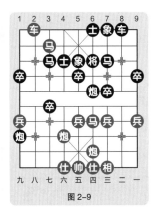

图 2-9

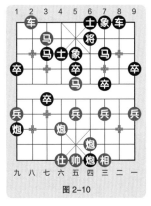

图 2-10

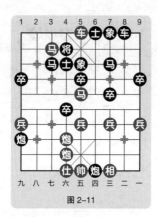

图 2-11

技巧31
中兵渡河困死马

演示与解说

图2-12所示是某年"嘉周杯"全国象棋团体赛中黑龙江与厦门两位大师的实战对局，枰面上是双方以中炮对后补列炮兑去一车战至第7回合的瞬间阵型。不难看出，红方显然先手在握，现在又以车前炮欲封堵黑方1路车，究竟是黑方谋良策解困争先还是红方笑到最后？现轮黑方行棋，且看实战过程。

如图2-13所示，仅仅三个半回合，看似应对工整的黑方已经完全进入红方的步调，被红方牵着鼻子走。其实在第七回合，黑方可走卒3进1，则兵三进一，马8进7，马三进四，车1进1，炮八进六，炮9进4，炮五平三，卒5进1，马四进三，炮9平7，马三进五，炮7进3，仕四进五，象7进5，炮三平五，至此，因为红方马尚未活跃，所以黑方可抗衡。

如图2-14所示，黑方平炮近乎闲着，但因被红方压制的活动空间太小，也无好棋可走，只能平炮。

如图2-15所示，红方进七兵是机警的好手，瞄准黑方7路线缺陷而打通卒林线。

如图2-16所示，黑方此时应改走卒3进1，则炮八平三，马7进5，车八进二，炮5平2，黑方势不弱。倘若红方炮七进五，则车2平3，炮八平三，马7退9，车八进一，卒1进1，炮三平五，至此，黑方有惊无险，足可以周旋。

如图2-17所示，红方此着退马是一举两得，既窥黑方7路卒，又为下一步平炮攻黑马做好准备，使6路黑马陷入困境。

如图2-18所示，红方退炮借攻马争先一步，可谓是棋感敏锐，正是瞄准了黑方薄弱7路线而准备发难，好棋！

如图2-19所示，红方这招借马使炮，使黑马无处可逃。

如图2-20所示，对弈至此，以下红方再马三进二打马踩炮，黑则炮6平5，仕四进五，则红方得子胜定。

7. 车九平八　　卒7进1
8. 兵七进一　　马8进7
9. 马七进六　　车1平2
10. 炮八进六
　　炮9退1　　（图2-13）
11. 炮五平七　　士4进5
12. 炮八退二　　车2退2
13. 相七进五
　　炮9平8　　（图2-14）
14. 车八进五　　卒5进1
15. 兵七进一　　（图2-15）
　　卒5进1　　（图2-16）
16. 兵五进一　　卒3进1
17. 炮八平三　　马7进5
18. 车八进二　　炮5平2
19. 兵五进一　　马5退6
20. 炮三平二　　卒3进1

21. 相五进七　　马3进2
22. 马六退四　　（图2-17）
　　马2进1
23. 炮七平四　　马6进7
24. 相七退五　　炮2平6
25. 炮四进五　　士5进6
26. 兵五进一　　炮8平6
27. 兵五平四　　马7退8
28. 马四进五　　士6退5
29. 炮二退三　　（图2-18）
　　马1进3
30. 兵三进一　　卒7进1
31. 马五退三　　马3退4
32. 前马进二　　（图2-19）
　　马4退6
33. 马二退四
　　炮6进3　　（图2-20）

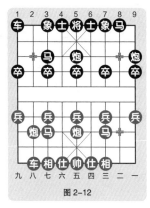

图 2-12

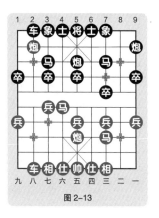

图 2-13

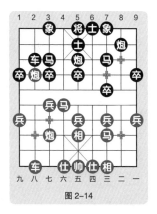

图 2-14

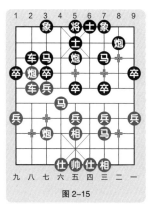

图 2-15

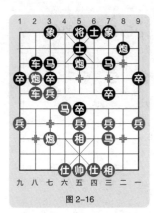

图 2-16

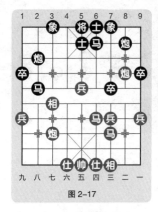

图 2-17

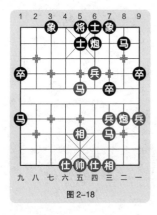

图 2-18

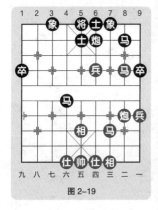

图 2-19

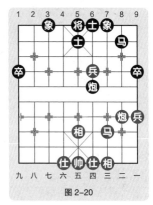

图 2-20

技巧32
马走边一隙而入

　　红方用边马开局，一般而论，边马相对而言并不是很积极，且容易失先。本局中黑方在开局阶段就占据主动，而红方的出子因为没有针对性，因此仅仅十几回合，黑方就走成炮镇当头，车占肋线的铁门栓阵式。以下红方竭力抵挡，终以败局收尾。

　　图2-21所示是全国大赛中吴松亭对罗天扬某场对局的第6回合瞬间阵型，枰面上红方急进中兵，过于凶险。

　　如图2-22所示，此时红方若走马八进七，则卒5进1，车二平三（若车二退二，象3进5，黑方满意），马7进5，车三退二（若炮五进四，则黑方炮8平5，可先弃后取，黑方占优），炮8平5，则黑方反先。

　　如图2-23所示，此着红方左马屯边，明显是自然之着。

　　如图2-24所示，前面红方虽过一兵，却也遭黑方上2路炮的牵制，同时黑方跃马河头，又飞象巩固中路，可谓是守中有攻，应付得当。现黑方冲7卒，当有反扑之势。

　　如图2-25所示，红方升车河口捉卒，黑方则平卒回马踏车，乘机让车、炮脱身，的确是一妙手。

　　如图2-26所示，黑方平炮打车脱身，弃还一卒，佳着！

　　如图2-27所示，红方一次进马，意欲捉卒。

　　如图2-28所示，红马跳边吃卒。

　　如图2-29所示，红方此时可改走兵九进一，以静观黑方如何应对。

　　如图2-30所示，对弈至此，黑方各子活跃，显然占据主

一学就会的100个象棋实战技巧

动；而红方边马未出，车、炮受困，明显局面难堪。

如图2-31所示，红方此时回马为车生根是最好的选择。

6. 兵五进一 士4进5	16. 车八平四
7. 兵五平四 （图2-22）	炮8平6 （图2-26）
卒7进1	17. 车二进三 后炮进3
8. 兵四进一 马7进6	18. 车二退六 马7进5
9. 马八进九 （图2-23）	19. 相三进五 前炮平5
象3进5	20. 炮六进一 车4进5
10. 炮八平六	21. 马三进二 （图2-27）
卒7进1 （图2-24）	炮6平5
11. 车二退一 马6进7	22. 马二进一 （图2-28）
12. 车九平八 炮2平6	卒3进1
13. 车八进四 车1平4	23. 兵七进一 前炮平3
14. 仕四进五	24. 炮六平五 （图2-29）
卒7平6 （图2-25）	车4进1 （图2-30）
15. 车二进一 炮6进1	25. 马一退三 （图2-31）

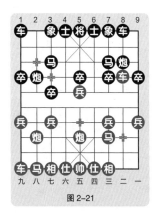

图 2-21

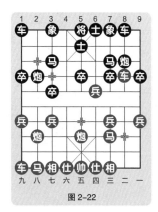

图 2-22

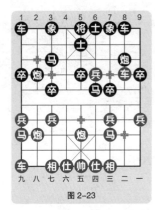

图 2-23

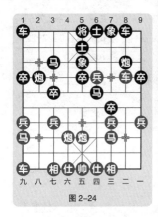

图 2-24

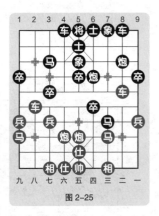

图 2-25

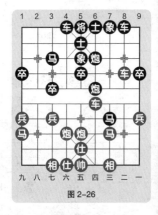

图 2-26

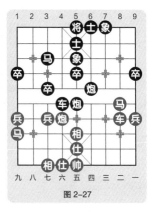

图 2-27

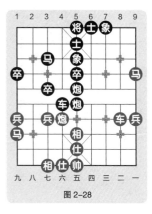

图 2-28

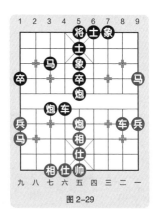

图 2-29

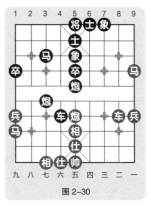

图 2-30

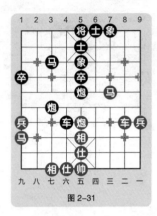

图 2-31

技巧33
炮碾丹沙势如虹

演示与解说

图2-32所示是某年"老巴夺杯"全国象棋团体赛杭州与天津两选手的一盘实战中局，枰面上是双方以中炮横车七路马对屏风马右象弈至第25回合的瞬间阵型，不难看出，黑方多卒、红炮攻马，形成相互纠缠之势，现轮黑方行棋，且看实战过程。

如图2-33所示，黑方平卒反招麻烦，导致局势恶化。此时黑方应改走车9平7，则红方炮三进三，马7进8，车四退三，卒5进1，车四平五，马8进6，至此，会有踩中相的先手棋，比实战的好。

如图2-34所示，此时黑方退马防红方炮三平一打车乃是败着，前面红方进炮打象发动进攻却是且得实惠。

如图2-35所示，红方弃马吃象是精彩之着，也为炮碾丹沙的杀法创造了条件。

如图2-36所示，红方退相乃攻不忘守。临杀勿急，否则黑方仍有纠缠之势，若红方车九平八去马，则车5进1，仕六进五，车5平3，炮三平六，士5退6，炮六平四，将5进1，车二退一，车6退1，车八退一，炮3退3，至此则红方无杀着。

如图2-37所示，对弈至此，黑方士、象已尽，局面形成红方必胜之势，余着从略。

25. 炮四平三

　　卒7平6　（图2-33）

26. 炮三进八

　　马7退8　（图2-34）

27. 马七进五　（图2-35）
　　车2平5
28. 车四平二　卒6平5
29. 车二进一　车5平6
30. 车九进六　车9平5
31. 相一退三　（图2-36）
　　车5平2
32. 车九退四　炮3退2

33. 车九进一　车6进1
34. 炮三平六　士5退6
35. 炮六平四　将5进1
36. 车九进二　将5进1
37. 炮四平七　车2平6
38. 车二平五　将5平6
39. 仕六进五　（图2-37）

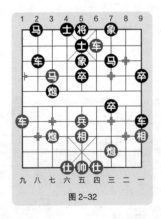

图2-32

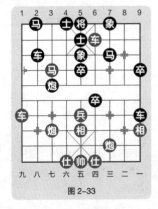

图2-33

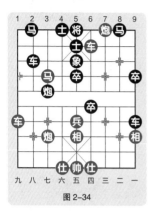

图 2-34

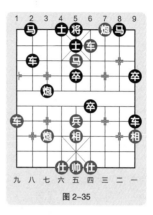

图 2-35

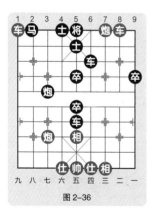

图 2-36

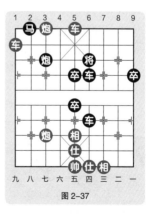

图 2-37

技巧34
布局一乱阵脚散

图2-38所示是某年"老巴夺杯"全国象棋团体赛中哈药总厂与广东两选手的实战对局，枰面上是双方大斗起马局战至第9回合的瞬间阵型，红方阵型协调、蕴藏先手，黑方阵型松散。红方的出车捉炮，对黑方而言十分棘手，现轮黑方行棋，且看实战过程。

如图2-39所示，黑方此着退炮明显华而不实，反而导致局势恶化。此时黑方应改走车1平8，如此一来，既能遏制红方炮三平七打卒胁象（因黑方有马7进8打车的棋），下一步又有进炮封车之着，这样对红方有一定的制约作用。现在局势虽然落后，但黑方可以耐心等待再与其纠缠。

如图2-40所示，前面两个回合中，红方乘势紧逼，先手扩大，明显占有优势。而此时红方当然不宜吃马，只能平炮，因有黑方炮4进1打死车的棋。

如图2-41所示，此时黑方若象5进3，则炮七进三，士4进5，炮七退四，至此，红方白吃黑方双象，已定胜局。

如图2-42所示，红方在七路兵渡河助战之后，显得不急不躁，这表现了其良好的心理素质，此时兑兵活马，意图准备总攻，弈来丝丝入扣。

如图2-43所示，黑方退炮实属无奈，因为此时黑方仅有招架之攻，已毫无还手之力。

如图2-44所示，红方进六路兵乃好棋，紧握战机，此时黑方已很难应付。

如图2-45所示，对弈至此，红方攻势已锐不可当，而黑方所有强子却缩在布置线内，因此只好放弃续弈，认负。

9. 炮二平三　车1进1

10. 车一平二
　　炮8退1　（图2-39）

11. 车二进七　炮8平4

12. 炮三平七　（图2-40）
　　炮4进1

13. 兵七进一　马7进6

14. 车二退三
　　炮2退3　（图2-41）

15. 车二平四　马6退7

16. 兵七平六　炮2平4

17. 马七进八　象3进1

18. 仕四进五　士4进5

19. 兵三进一　卒7进1

20. 车四平三
　　卒9进1　（图2-42）

21. 车三进二　士5退4

22. 马三进四　后炮平7

23. 车三平四　士4进5

24. 兵六进一
　　炮4退2　（图2-43）

25. 兵六进一　（图2-44）
　　士5进4

26. 车四进一　马7退9

27. 车四平五　士6进5

28. 车五平一　马9退7

29. 马四进五　（图2-45）

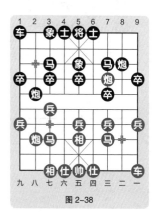

图 2-38

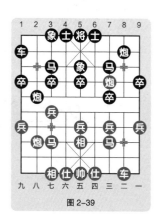

图 2-39

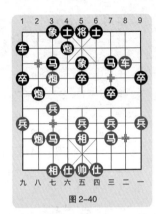

图 2-40

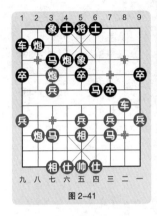

图 2-41

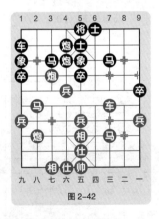

图 2-42

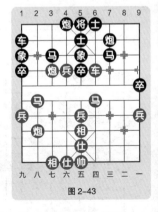

图 2-43

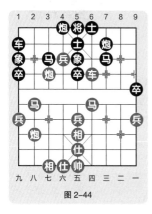

图 2-44

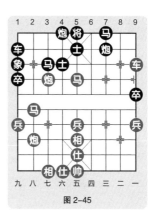

图 2-45

技巧35
顿挫有误筑败局

一学就会的100个象棋实战技巧

　　图2-46所示是某年"将军杯"全国象棋甲级联赛第13轮沈阳与北京两选手的实战对局，枰面上是双方由中炮进三兵对三步虎战至第13回合的瞬间阵型，显而易见，红方车、炮过河侵扰配合当头炮盘头马由中路猛攻，黑方则严阵以待，现轮红方行棋，且看实战过程。

　　如图2-47所示，此时红方若改走炮五进三，则黑方炮2平5，车八进三（若改走炮五平二，则车2进3，终红方失子难以应付），炮5进3，则红方亦丢子。

　　如图2-48所示，对弈至此，黑方采用弃象的策略，借以削弱红方的攻势。

　　如图2-49所示，黑方顿挫有误，乃败着！此时应改走炮5进5，红方则相三进五，车4平7，车七退二，卒7平6，马三进一，卒5进1，马一进三，士4进5，车七退二，炮7进1，兵七进一，卒5平4（此时若红方车七平六照将，黑方则炮7平4，捉马，则黑方必兑去红方七路兵），车七平三，卒4平3，马三退二，至此，黑方有过河两卒携手的棋，而红马暂无法摆脱困境，故黑方势优。

　　如图2-50所示，此时红马迅速转向黑方右翼进攻，当是胜利在望。

　　如图2-51所示，红方进七路马是好棋，可成拔簧马之势，侧翼攻势是如火如荼。

　　如图2-52所示，黑方此时进车，以下兵卒大战，黑方缺士少象，当是红方算准可胜。

如图2-53所示，此时阵型红方已成必胜残局，而擒将也只是时间的问题。

如图2-54所示，对弈至此，黑方认负。

14. 马五进六　（图2-47）
　　炮2平7

15. 车八进三　马3退2

16. 炮七进三　将5进1

17. 车一平八　车8退1

18. 车八进八　车8平4

19. 马六退五　象5退3

20. 车八平七
　　炮9平5　（图2-48）

21. 马五进四　卒7进1

22. 马四进三　将5平4

23. 仕四进五
　　车4平7　（图2-49）

24. 马三退五　（图2-50）
　　卒5进1

25. 马五进七　炮5进5

26. 相三进五　士4进5

27. 马七进八　（图2-51）
　　车7平2

28. 车七平四　将4进1

29. 车四平三　卒7平6

30. 车三退一　车2退3

31. 车三退二
　　车2进6　（图2-52）

32. 车三平九　车2平3

33. 兵一进一　将4退1

34. 兵九进一　车3平1

35. 车九进二　将4退1

36. 车九平五　车1退1

37. 车五退二　车1平4

38. 车五平一
　　卒6进1　（图2-53）

39. 车一平五　卒5进1

40. 兵一进一　卒5平4

41. 相七进九　卒4进1

42. 仕五进六　车4进2

43. 仕六进五
　　车4平1　（图2-54）

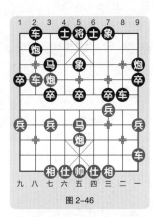

图 2-46

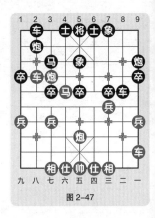

图 2-47

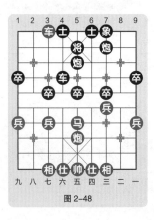

图 2-48

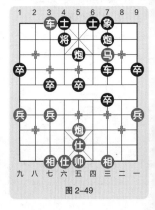

图 2-49

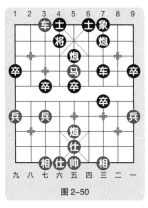

图 2-50

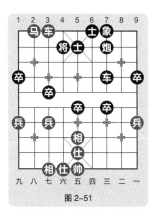

图 2-51

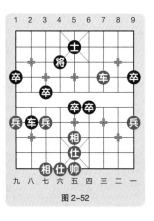

图 2-52

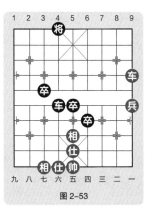

图 2-53

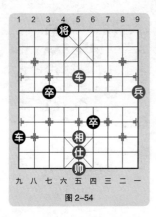

图 2-54

技巧36
右炮封车创新招

　　图2-55所示是某年全国象棋团体赛中邮电与广东两位大师的实战中局，枰面上是由五九炮过河车对屏风马平炮兑车交手第14回合的瞬间阵型，此时红方双炮过河且镇中路并五兵俱全，似占优势，然黑方依靠先行之利，突发飞刀，且看实战过程。

　　如图2-56所示，黑方右炮封车，乃一创新招法。此种情形下，一般多走炮2进5打马，则马三退五，卒3进1，马五进六，马3进5，车八进二，车2进7，马六退八，黑方因兑换子力而右翼空虚，因此红方多兵占优。

　　如图2-57所示，面对新招，红方匆忙应对，此着有误，应改走炮九平八。

　　如图2-58所示，黑方先手逼红马"窝心"，是紧着。

　　如图2-59所示，红方退马捉车失算，以致丢子失势，乃落败根源。当下可考虑走车三平四或炮六退四打车争先，尚可一战，但胜负遥远。

　　如图2-60所示，黑方进马双捉，红方丢子而认负。

14. 车三退二		18. 相三进五	马5进7
炮2进6	（图2-56）	19. 马五退三	（图2-59）
15. 炮五平六	（图2-57）	车8退4	
车8进7	（图2-58）	20. 车三平六	卒3进1
16. 马三退五	卒3进1	21. 相五进七	马7进5
17. 炮九退二	马3进5	22. 炮六平三	马5进7

23. 炮三退二　马7进8　　　27. 马二退四　车8进2

24. 炮三平二　马9进7　　　28. 炮九平二

25. 马三进二　马7进8　　　　　马6进4　　（图2-60）

26. 车六平二　马8退6

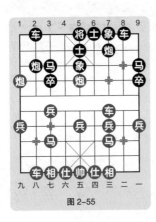

图 2-55

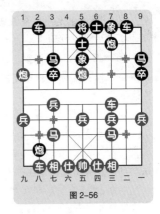

图 2-56

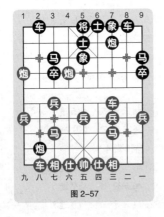

图 2-57

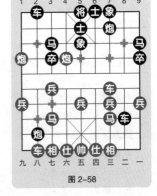

图 2-58

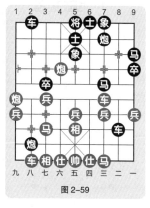

图 2-59

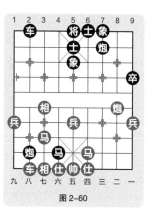

图 2-60

技巧37
神兵天降立功勋

演示与解说

　　图2-61所示是某年"将军杯"中河北对开滦两选手第18轮的实战中局，枰面上是双方以仙人指路对卒底炮战至第9回合的瞬间阵型，此时黑方2路车牵制红方马、炮，6路车又欲捉红方六路马，红方该如何应对？现轮黑方行棋，且看实战过程。

　　如图2-62所示，此时黑方应直接走车6进5较好，次着再车6平4捉马。实战之着有帮红方补棋的嫌疑。

　　如图2-63所示，黑方此时可改走马8进7，则车一平二，炮8平9，车二进六，车6平4，马六进五，车4退1，则尚可与红方抗衡，而且黑方势不弱。

　　如图2-64所示，此时黑方应改走马5进6，若炮五平六，则将4平5，车八进六，炮3退2，炮六退一，马6进5，相三进五，车5进2，则以下得回失子，可净赚双相，前景相当乐观。

　　如图2-65所示，红方神兵天降直逼九宫！此着紧抓黑方弱点，争先扩势。此时黑方若士5进4去兵，则车八进四，马4退5（若改走炮3退2，车八平六，将4平5，车六退二，则红方得子），炮五进三，车5退2，车八平七得炮，则红方胜定。

　　如图2-66所示，黑方此着应改将4平5，以保留子力，耐心坚持。然实战中丢炮后，致使败局已定。

　　如图2-67所示，红方在得子后，走得十分老练。此着飞相是攻不忘守，而赢棋也只是时间的问题。

　　如图2-68所示，对弈至此，黑方丢子失势，终认负。

9. 兵五进一　车6进7

10. 仕六进五

车6退2　（图2-62）

11. 炮八平七

炮8进4　（图2-63）

12. 马六进五　车2进2

13. 车九平七　车2平3

14. 车一平二　马8进7

15. 炮七平六　车3平4

16. 炮六进六　车4退5

17. 车七平八　炮8平5

18. 炮五退二　车4进4

19. 兵五进一　车4平5

20. 兵五平六　车6平7

21. 车二进二　马7进5

22. 车八进三　将5平4

23. 兵六进一

马5进4　（图2-64）

24. 兵六进一　（图2-65）

炮3退2

25. 兵六平七　马4进3

26. 仕五进六　车5平4

27. 仕四进五

卒3进1　（图2-66）

28. 前兵进一　卒3进1

29. 兵七进一　象5退3

30. 相五进七　车4平3

31. 车八平六　马3退4

32. 相三进五　（图2-67）

象7进5

33. 车二进三　车7进1

34. 炮五进一　车3退2

35. 车六进一　将4平5

36. 车二平五　（图2-68）

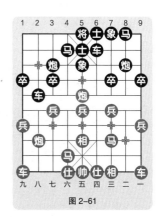

图 2-61

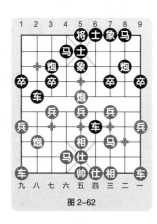

图 2-62

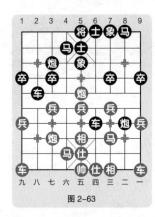

图 2-63

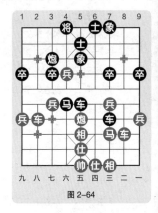

图 2-64

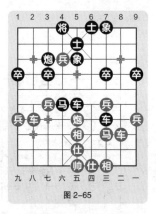

图 2-65

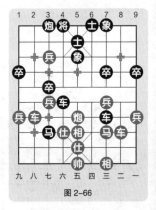

图 2-66

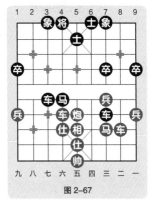

图 2-67

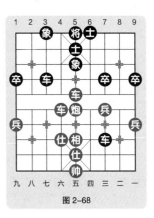

图 2-68

技巧38
车点穴位九宫倾

一学就会的100个象棋实战技巧

图2-69所示是某年"将军杯"全国象甲联赛第二轮中开滦与湖北两选手的实战对局，枰面上是双方以中炮进七兵过河车对屏风马平炮兑车交手15个回合所出现的瞬间阵型，此时红方双车、炮过河侵扰，但六路车占位却露出破绽，致使黑方抓其弱点，突施妙手而入局，且看实战过程。

如图2-70所示，黑方冲7路卒，可谓是棋感敏锐，这其中暗伏炮3平4打死红车的凶着。

如图2-71所示，黑方妙手连发，针对红方窝心马的弱点而进车点住红方的"穴位"，一剑封喉。

如图2-72所示，此着平车是"点穴"后的连续动作。而伏马4进3闷杀抽车，当是获胜的关键之着。

如图2-73所示，红方进马实属无奈之着，若改走炮五平七，则黑方马4进5叫杀抽车；又若马五进四，则炮3平6亦得子。

如图2-74所示，黑方进马的手法巧妙，同时解除了红方中炮的威胁与纠缠。

如图2-75所示，接下来红方若帅六进一，则车5进3，则有马后炮杀；若是仕五退四，则车5进4，帅六进一，炮8进6亦是杀着，红方认负。

15. 炮一进四
　　卒7进1　　（图2-70）
16. 炮五进四
　　车2进8　　（图2-71）

17. 炮五退二
　　车2平4　　（图2-72）
18. 马五进六　　（图2-73）
　　车4退2

19. 兵三进一　炮3平5
20. 炮一平九　车4平1
21. 车二平六
　　马4进5　（图2-74）
22. 马三进五　马5进7
23. 马五退四　车1平5

24. 仕六进五　车5退1
25. 兵三进一　车8平6
26. 兵三进一　车6进8
27. 帅五平六
　　车6进1　（图2-75）

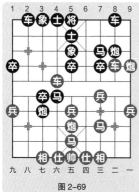

图 2-69

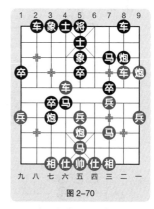

图 2-70

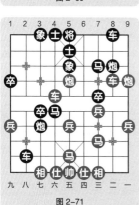

图 2-71

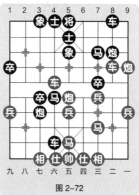

图 2-72

图 2-73

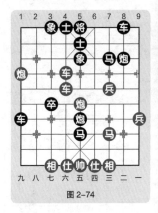

图 2-74

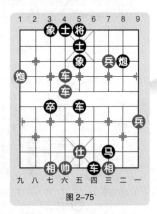

图 2-75

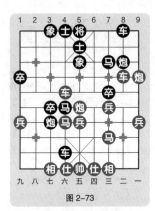

一学就会的 100 个象棋实战技巧

技巧39
弃子取势勇难挡

弃子取势之前，要进行一定深度的计算，即看所得的局面优势能否转化为得子，借以扳平实力，或所得之势能否扩大为胜势。不然，随着局势的发展，己方失子的弱点将会逐渐暴露出来。

图2-76所示是某年全国大赛中大连金波（红方）对北京蒋川（黑方）交手第15回合时形成的瞬间阵型，现在是双方短兵相接，中局激战的序幕已被拉开，现轮红方行棋，且看实战过程。

如图2-77所示，红方不吃炮而是跃马强攻，如此弈来颇有气势。

如图2-78所示，此时黑方若是改走车8进3，则红方马四进二，故黑方难应付。

如图2-79所示，此时黑方若是改走马7进5，则车二平三，马5退3，马四进二，黑方亦难应付。

如图2-80所示，红方不吃马反而弃马踏士，招法是雄劲有力。黑方兑车解围，也仅此一手。

如图2-81所示，棋局至此，已形成红方多子黑方多卒的局面，但黑方士、象残缺，始终处于下风，双方战至第52回合红方获胜。

16. 马七进五
　　卒5进1　　（图2-77）

17. 马五进四　炮8平9

18. 炮五平二
　　车8平9　　（图2-78）

19. 车六平七　马7退9　（图2-79）

20. 车二进二　象5进7

21. 马四进三　炮9进4

22. 车七平八　炮9平3

23. 炮二平五　象7退5

24. 车八进七　马9进8

25. 马三进五
　　车9进1　（图2-80）

26. 马五进三　车9平8

27. 马三退四　将5平4

28. 车八平二　车1进3

29. 炮五平六　炮3平5

30. 马四退二　（图2-81）

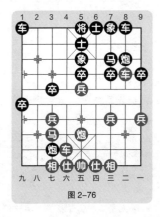

图 2-76

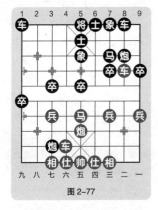

图 2-77

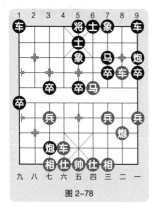

图 2-78

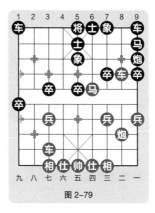

图 2-79

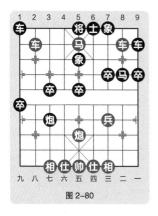

图 2-80

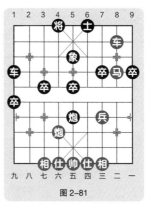

图 2-81

技巧40
一步走错满盘输

演示与解说

　　图2-82所示是某年"怡莲寝具杯"全国象棋个人锦标赛中火车头与江苏两位特级大师的实战中局，枰面上是双方以中炮进七兵对反宫马交手弈至第7回合的瞬间阵型，眼下黑炮沿河正捉红马，红方该如何应对？现轮红方行棋，且看实战过程。

　　如图2-83所示，此着似有疑问，因为红马回不回河沿黑方都将飞象。此着反使黑方加快了右翼子力的疏通，飞象后把棋补厚。其实此时红方还可改走车九平八以出动大子，则象3进5，兵三进一，卒7进1，相一进三，马7进6，车八进五，马6进4，车八平六，马4进6，车一平三，炮2平3，兵七进一，以下红方有车六平四驱赶黑方卧槽马，红方此法更为有利。

　　如图2-84所示，红方此着有助黑棋之嫌，而且同时落了后手。虽然以下能吃得中卒，但是得不偿失。其实此时红方可直接走马六进五，则马3进5，炮五进四，炮6平5，炮六平五，马7进5，炮五进四，车8进3，炮五退二，炮4进3，则红方兵种齐全且多一兵，稍占上风。

　　如图2-85所示，黑车骑河捉炮，是步好棋。此时红方若兵三进一，则黑方车8进1，黑方占优。

　　如图2-86所示，此着进三兵当为红方最后的败着。此时黑方跳钓鱼马叫杀兼抽车，致使红方失子失势，愈发不可收拾。

如图2-87所示，黑方进车乃精彩的杀着。以下红方也只有仕五退六，则车5进1，帅五平四，车5进2，帅四进一，马3退5，帅四进一，马5进4，炮五退三，车5平6，帅四平五，马4退3，帅五平六，车6平4侧面虎杀，则黑方胜。

8. 马六进七　炮2退5

9. 马七退六　（图2-83）
　象3进5

10. 兵七进一　炮2平4

11. 车九进二　象5进3

12. 炮六进七　（图2-84）
　车1平4

13. 马六进五　马3进5

14. 炮五进四　炮6平5

15. 炮五退二　马7进6

16. 车九平八
　车8进5　（图2-85）

17. 车八进二　马6进4

18. 兵三进一
　马4进3　（图2-86）

19. 仕四进五　车8进2

20. 车八进三　车8平7

21. 车一平四　车7退1

22. 相七进五　车7平5

23. 车四进四
　车4进9　（图2-87）

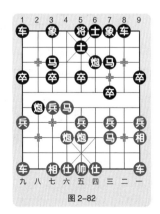

图 2-82

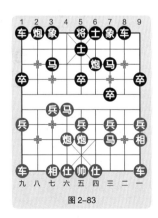

图 2-83

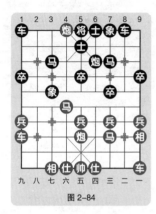

图 2-84

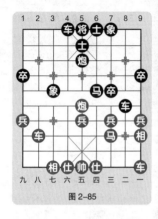

图 2-85

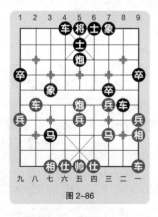

图 2-86

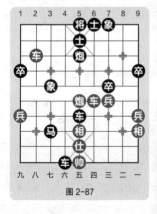

图 2-87

技巧41
双炮联手奏凯歌

　　图2-88所示是某年"敦煌杯"全国赛中河北李来群（红方）对甘肃小将何永祥（黑方）的实战对局，枰面上是双方弈至第12回合的瞬间阵型，眼下红方借先行之利，猛打猛冲，着法干净利落，并以绝杀入局，此时黑方该如何应着？具体情形且看实战过程。

　　如图2-89所示，红方进炮，着法紧凑！若是改走仕四进五，马9退7，炮二进一，象3进5，兵五进一，马7进5，则红方优势会削弱。

　　如图2-90所示，黑方此时不能炮6进7，因为红方有兵五进一得子一棋。

　　如图2-91所示，此时红方若改走炮八进二，则无趣。

　　如图2-92所示，黑方此时若改走炮6退4，车一平六，则红方势优。

　　如图2-93所示，此时黑方若改走车6平5，则红方势优。

　　如图2-94所示，此时红方献马车口，再伏平车催杀，当属精妙绝伦，借此巧妙兑车，以解无士之忧。

　　如急走车一平六，马1进3，可以化解。

　　如图2-95所示，红方进四兵，终胜。

13. 炮二进一	（图2-89）	15. 炮八进一	
马3退1	（图2-90）	车6退1	（图2-92）
14. 炮八进一	（图2-91）	16. 马七进六	炮6平4
炮6进7		17. 车八平六	车2进1

18. 马六进七
　　车2退1　（图2-93）

19. 马七进八　（图2-94）
　　车2进1

20. 车一平六　炮5平4

21. 前车进七　车2平4

22. 兵五平四　车4平8

23. 炮二退三　象3进5

24. 炮二平五　士6进5

25. 兵七进一　车8进3

26. 车六进五　车8进4

27. 帅五平六　将5平6

28. 车六平四　将6平5

29. 兵四进一　马9退8

30. 兵四进一　（图2-95）

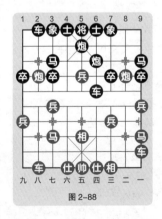

图 2-88

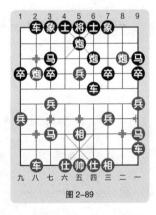

图 2-89

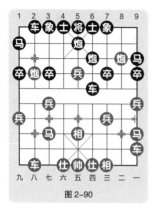

图 2-90

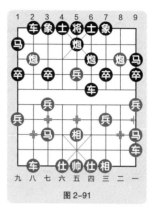

图 2-91

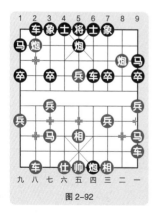

图 2-92

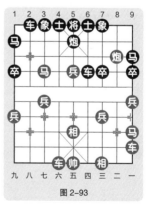

图 2-93

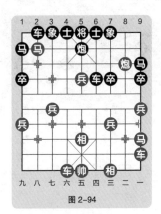

图 2-94

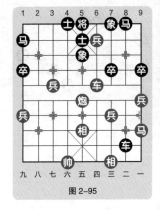

图 2-95

技巧42
四子归边一局棋

图2-96所示是某年全国象棋个人赛中四川与农协两位大师的实战对局，枰面上是由五九炮过河车炮打中兵对屏风马平炮兑车战至第14回合演变而成的瞬间阵型，眼下黑方各子占位俱佳，而红方仅一车过河，而且右翼空虚，现轮红方行棋，且看实战过程。

如图2-97所示，黑方弃卒争先，是伏跃马踩车的攻击手段。

如图2-98所示，黑方进马打相，促成三子归边。此时黑方若改走马6进4，则后马进六，车8平5，马七进六，车5进4，仕六进五，车5退1，帅五平六，则红方形势豁然开朗。

如图2-99所示，显而易见，经过这两个回合的交手，红方吃亏。而此着红方退炮欠佳，应当改走兵五进一而驱炮赶马，还尚有一番纠缠。

如图2-100所示，黑方平车是步好棋，而红方右翼底线漏风，危在旦夕。

如图2-101所示，此时黑方平炮伏车6平5杀仕的杀着，极妙！正是所谓的"四子归边一局棋"。

如图2-102所示，对弈至此，黑方胜。

15. 马五退七	炮2退1	马6进7	（图2-98）
16. 炮九进四		19. 相三退五	车8平1
卒7进1	（图2-97）	20. 车六平三	车2进2
17. 相五进三	马8进6	21. 炮九退二	（图2-99）
18. 车五平六		车2平6	

22. 仕六进五　　车6进6
23. 相三进一
　　车1平8　　　（图2-100）
24. 兵五进一　　车8进7
25. 帅五平六　　马7进5
26. 帅六进一　　炮7进2
27. 仕四进五
　　炮2平8　　　（图2-101）
28. 帅六进一　　炮8进1
29. 仕五进四
　　车6平3　　　（图2-102）

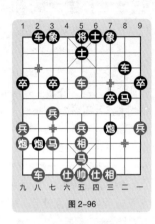

图 2-96

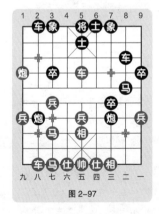

图 2-97

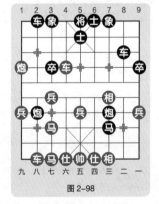

图 2-98

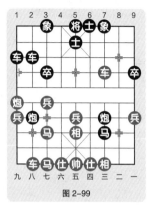

图 2-99

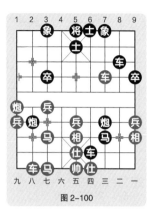

图 2-100

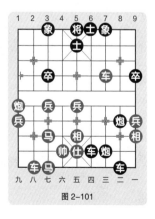

图 2-101

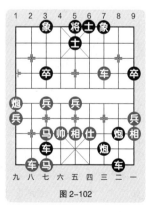

图 2-102

技巧43
弃子取势夺全局

　　图1-103所示是2000年中视股份年度总决赛中赵国荣对吕钦的实战对局，枰面上是双方弈完第10回合的瞬间阵型，眼下黑车捉马，红马难逃，通常认为马二退一不妥，因黑方有卒9进1捉马的手段，但若马二进三，黑方则车8进2而捉死马，故可走马二退四，但已失先了，现轮红方行棋，着法如下。

　　如图2-104所示，此时黑方企图消灭红方过河兵，但却造成自己左翼子力拥挤受制。

　　如图2-105所示，此时红方若改走兵三进一，则车7进1，炮三进五，前炮进5，车二退七，车7退2，车二平一，炮9平3，至此红方追回失子，局面稍为缓和。

　　如图2-106所示，黑方此时跃马保卒，意图弃子取势。

　　如图2-107所示，红方此时若改走车二平七，则车7平8，帅五平四，象7进5，炮八平五，士6进5，炮三平一，后炮平8，则黑方双车、炮潜伏着强大攻势。

　　如图2-108所示，黑方此着避免红方车二平一捉双。

　　如图2-109所示，此时红方虽少一子，但渡双兵具有威慑力，而黑方右翼双马、炮却自相拥挤，子力结构显得呆板。总体而言，红方弃子夺势。

　　如图2-110所示，红方此时跳马咬双，追回一子，形势明显大优。

　　如图2-111所示，此时红方借捉炮之机，再得一象。

　　如图2-112所示，对弈至此，黑方认负。

11. 马二进三　车8进2

12. 兵一进一　车8平7

13. 兵三进一
　　炮2进2　（图2-104）

14. 车九平二　炮2平9

15. 车二进六　后炮退1

16. 炮八进五　（图2-105）
　　前炮进5

17. 仕四进五　象5退7

18. 马七进六　马7退5

19. 炮八退一
　　马5进3　（图2-106）

20. 兵七进一　（图2-107）
　　车7平6

21. 兵三进一　象3进5

22. 车二退三
　　后炮平3　（图2-108）

23. 兵七平六
　　士4进5　（图2-109）

24. 兵六进一　车6平9

25. 兵六平五　车9进5

26. 炮八退五　车9退2

27. 前兵进一　象7进5

28. 马六进八　马3进5

29. 马八进九　（图2-110）
　　炮3平4

30. 兵三平四　车9平7

31. 炮三退一　马5进3

32. 车二平六　炮9退8

33. 马九退七　炮4进1

34. 马七进五　（图2-111）
　　士5进6

35. 车六平七　（图2-112）

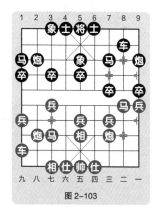

图2-103

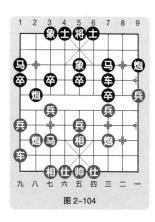

图2-104

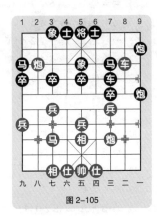

图 2-105

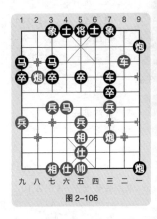

图 2-106

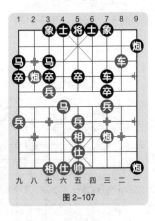

图 2-107

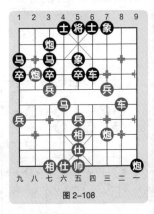

图 2-108

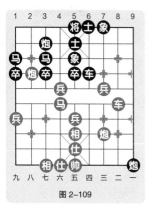

图 2-109

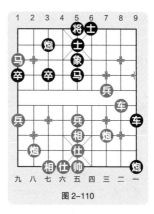

图 2-110

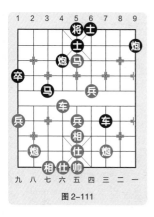

图 2-111

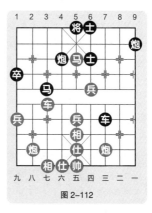

图 2-112

技巧44
贪吃卒因小失大

　　图2-113所示是某赛事两选手交手4个回合的瞬间阵型，前面4个回合，后方跃马平车，挺卒活马，都是围绕屏风马破当头炮这一战略意图部署的，然而经过棋手们的不断实践，在第4着，先手方大多不直接升车而是等对方运子趋向明朗之后，再确定右车去向，现轮红方行棋，且看实战过程。

　　如图2-114所示，红方此时伺机从中线或左翼发动攻击。眼下黑方有两种应法：炮2退1或者卒7进1。

　　如图2-115所示，挺7卒属软着。此时黑方应改走炮2退1较为工整。

　　如图2-116所示，劣着！这招平炮打马，看似先手，实为后手，此时应改走兵五进一或者马八进七为宜。

　　如图2-117所示，现在这个局面是后手屏风马对当头炮巡河车在实战中比较容易出现的盘面。

　　如图2-118所示，红方过河捉马，实为坠入陷阱。

　　如图2-119所示，黑方升炮逐车，对抢先手，右马逸出更是如虎添翼，这充分显示了它柔中有刚的巨大威力。

　　如图2-120所示，此着红方无论车是进是退，在步数上就已经吃亏，再者黑方有下着象3进5，致使红方炮打马打象计划落空，在七路线上也无用处，而黑方则上象上士，出贴身车，立即反先。

　　如图2-121所示，黑方弃马跃马，实在精妙。伏有马4进2或马4进6卧槽，马后炮杀法，若红方车九进一守卧槽，则黑方象3进5，再马7进6，占优。

如图2-122所示，黑方平炮控住红帅，不让其帅五平六而捉马。

如图2-123所示，黑方进车叫杀。

如图2-124所示，红方平车守肋道。肋道命门非常重要，保护不好将会遭到攻击。

如图2-125所示，黑方得车而胜。

5. 兵七进一 卒3进1
6. 车二平七 （图2-114）
   卒7进1 （图2-115）
7. 炮八平七 （图2-116）
   马3进2 （图2-117）
8. 车七进一 （图2-118）
   炮8进2 （图2-119）
9. 车七平三 （图2-120）
   马2进4 （图2-121）
10. 车三进二 象3进5
11. 车三退三 马4进2
12. 马八进九 马2进4

13. 帅五进一
    炮8平4 （图2-122）
14. 帅五平四 炮2进6
15. 车九平八
    车1进1 （图2-123）
16. 车三平四 （图2-124）
    车8进8
17. 帅四进一 马4进5
18. 炮五退一 车8平6
19. 帅四平五
    车6退3 （图2-125）

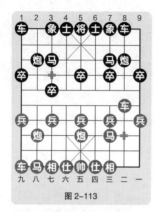

图 2-113

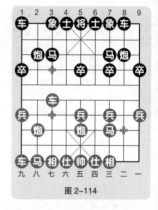

图 2-114

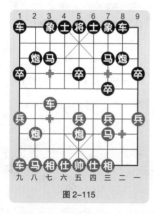

图 2-115

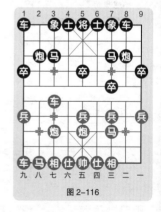

图 2-116

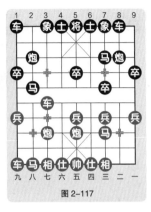

图 2-117

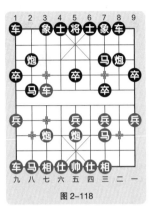

图 2-118

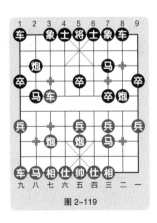

图 2-119

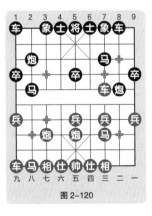

图 2-120

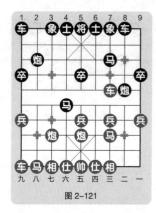

图 2-121

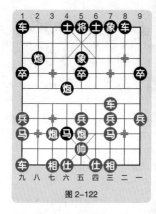

图 2-122

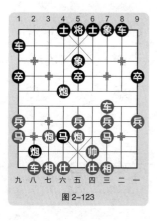

图 2-123

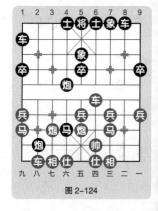

图 2-124

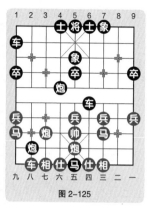

图 2-125

技巧45
于无声处听惊雷

演示与解说

  图2-126所示是某赛事中双方弈至第7回合的瞬间阵型，双方形成了飞相局对左中炮的常见变化，眼下红方补仕来巩固阵营，可避免黑方士角炮的侵扰，以利于发挥起手飞相的先手作用，若走炮二进四，黑方有车2进6的反击手段，以下红方不能炮八平九自然邀兑，因为有黑方车2平3，车八进二，炮4进5，现轮红方行棋，且看实战过程。

  如图2-127所示，黑方右车巡河，方向正确。但若是走车8进4，则红方有炮八进二再马三进二打车的先手，这样黑方容易受攻。

  如图2-128所示，此着带有欺骗性，黑方将面临考验。在第8回合，一般红方多走炮八平九，而本局红方却一改故辙，反升巡河炮借跃马打车之机，争得平炮攻象的机会。

  如图2-129所示，黑方平车堵炮，似被红方牵着鼻子走。

  如图2-130所示，此时红方计谋得逞，从容跃马出击，也是发展先手的一种有力着法。

  如图2-131所示，黑方回车是眼下最好的应着，可暂保安全。若用以下两种变化，则黑方即刻受攻：第一种，车8平6，马四退六，炮4进3，炮二进二，则黑方难应；第二种，车8退2，兵三进一，车8平7，炮二进三，车7进2，马四进六，车3平4，炮七进五，士4进5，炮七平九，则红方攻势旺盛。

  如图2-132所示，红方此着很难想象，因为看似平淡的升炮，却卓有远见。若是改走炮二进二，则较为乏味，黑方可卒1进1，形成对峙之势。

如图2-133所示，此着真是于无声处听惊雷！眼下黑方顿时危机四伏。此时黑方若改走炮4进3强行拦炮，则红方车八进七，续有车八平六与车八平七等攻着，黑方亦难找到令人信服的防御之策。

如图2-134所示，对弈至此，黑方阵形明显呆板，红方占优。

8. 仕四进五
　　车2进4　　（图2-127）
9. 炮八进二　车8进6
10. 炮八平七　（图2-128）
　　车2平3　　（图2-129）
11. 马三进四　（图2-130）
　　车8退3　　（图2-131）

12. 炮二进一　（图2-132）
　　卒1进1
13. 马四退三
　　车8进1　　（图2-133）
14. 马三进二　车8平4
15. 车八进八　士4进5
16. 马二进三　（图2-134）

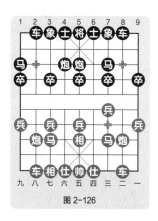

图2-126

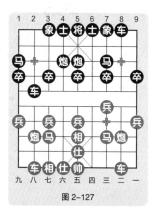

图2-127

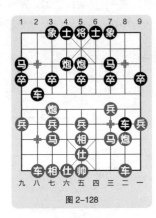

图 2-128

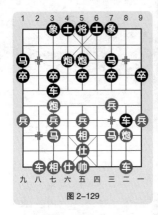

图 2-129

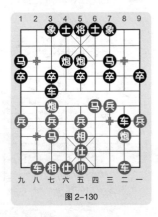

图 2-130

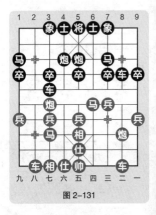

图 2-131

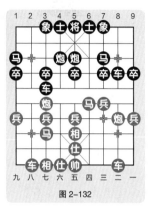

图 2-132

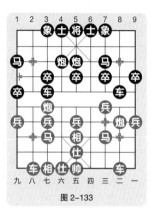

图 2-133

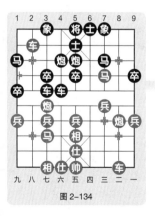

图 2-134

技巧 46
车炮齐鸣势如破竹

演示与解说

　　图2-135所示是某年全国象棋个人赛中女子甲组黑龙江与江苏两位特级大师的实战对局，枰面上是双方以五七炮进七兵对屏风马战至第8回合的瞬间阵型，眼下红方阵型工整平稳，黑方则右炮封车以攻带守，现轮红方行棋，究竟鹿死谁手，且看实战过程。

　　如图2-136所示，黑方棋落后手，乃兵家大忌，虽是得了三路兵，但得不偿失。此时应改走车8进1，显得灵活机动。

　　如图2-137所示，黑方上拐角马易受攻击，还是走马2进1较为稳健。

　　如图2-138所示，红方平车攻击拐角马，意在顺势集中子力向黑方空虚的右翼发难，是有力之着。

　　如图2-139所示，此时黑方似改走马4进2为宜。

　　如图2-140所示，红方一着紧似一着，车炮齐鸣，势如破竹。

　　如图2-141所示，前面红方平炮照将，乃妙着，眼下黑方退马"将窝"却属无奈，若是改走将6平5，则红方车六进一，黑方要丢车，红方胜。

　　如图2-142所示，红方平炮叫杀，击中要害，即刻构成车双炮杀势。

　　如图2-143所示，红方此时进炮，以下黑方必走后马6，马七进五，士4退5，炮六退一，一举打死黑车，红方得胜。

9. 相三进一

　　炮2平7　　（图2-136）

10. 车八进九　　马3退2

11. 兵九进一

　　马2进4　　（图2-137）

12. 马九进八　　卒1进1

13. 车二平六　　（图2-138）

　　车8进1　　（图2-139）

14. 车六进三　　马4进6

15. 炮五进四　　士6进5

16. 炮七进四　　（图2-140）

　　将5平6

17. 炮五平四

　　马6退5　　（图2-141）

18. 车六退三　　马7进6

19. 车六平四　　士5进4

20. 兵五进一　　马6进4

21. 炮七平六　　（图2-142）

　　马4退5

22. 车四退一　　卒1进1

23. 马八进七　　炮8退1

24. 炮四平一　　车8平6

25. 炮六进三　　（图2-143）

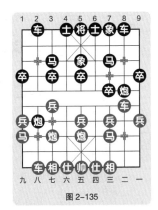

图2-135

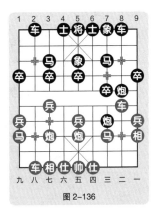

图2-136

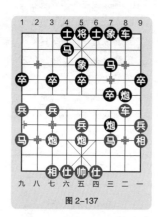

图 2-137

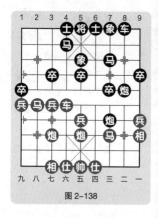

图 2-138

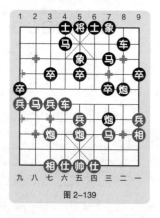

图 2-139

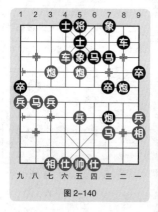

图 2-140

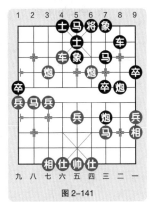

图 2-141

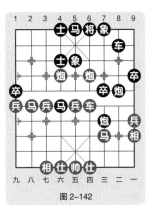

图 2-142

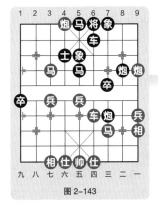

图 2-143

技巧47
打马取势巧夺先

图2-144所示是某赛事对局第5回合的瞬间阵型，眼下红方进炮打马，意在逼兑黑炮，虽说力度不是很足，但却容易掌握，并有"考验"黑方的意思，一般来说，红方此手多走兵七进一或者马八进七，随之更有丰富多彩的变化，且看黑方如何应着。

如图2-145所示，红方跃马出击，并伏有兵三进一的威胁，小获先手。

如图2-146所示，此时红方不假思索，迅速跳起左马，黑方若是认为这是红方忙中出错——"拱手相送"，而马上贪得红马的话，那么将很快地尝到红方此着的厉害所在。

如图2-147所示，黑方此时若改走卒3进1，则双方子力简化，达成基本均势。

如图2-148所示，接连几个回合下来，红方占尽先机。而现在，黑方已是追悔莫及。

如图2-149所示，黑方若改走马8进6，亦是不能摆脱困局，即马8进6，车二进七，车1进1，马四进六，马6进4，炮五进四，士4进5，车二退六，炮3进1，马六进四，则红方闪转腾挪，迅速集结子力向黑方将府逼进，攻势甚为强大。

如图2-150所示，此时黑方若改走卒3进1，红方既可马六进七简明取势，又可马六进四继续抢攻，各有优势。

如图2-151所示，红方平炮侧袭，暗藏车杀中象之凶着，眼下，红方渐入佳境。

如图2-152所示，黑方平将当属无奈之着。但若改走炮

3平6，红方亦可车二平四。

　　如图2-153所示，此时红方攻势猛烈，黑方已难以招架。由此可见，在第8回合时，面对红方的送马，黑方若能冷静对待并且分析形势，不急功近利，或许就能高枕无忧。

5. 炮八进五　马2进3

6. 炮八平五　象7进5

7. 马三进四　（图2-145）
　　炮8进1

8. 马八进七　（图2-146）
　　炮8平3　（图2-147）

9. 车二进九　马7退8

10. 车九进二　炮3进1

11. 车九退一　炮3退1

12. 车九平二　（图2-148）
　　马8进7　（图2-149）

13. 马四进六　车1进2

14. 车二进六
　　马7退5　（图2-150）

15. 马六进四　马5退7

16. 马四进三　将5进1

17. 炮五平二　（图2-151）
　　将5平4　（图2-152）

18. 车二平五　（图2-153）

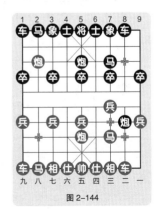

图2-144

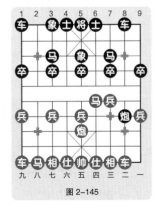

图2-145

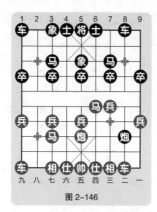

图 2-146

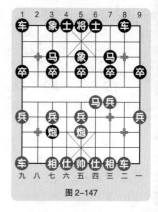

图 2-147

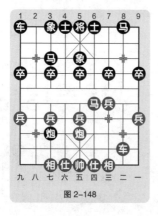

图 2-148

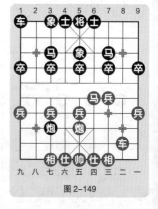

图 2-149

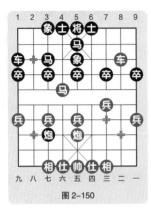

图 2-150

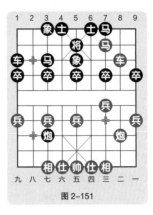

图 2-151

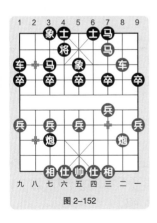

图 2-152

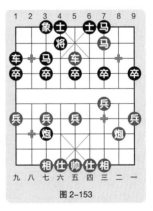

图 2-153

技巧48
马挂角一招制胜

一学就会的100个象棋实战技巧

图2-154所示是某年全国象棋个人赛中江苏王斌与张申宏的实战中局，眼下红方缺仕少兵，黑方则有钓鱼马、沉底炮、霸王车加之卒过河助阵，乍看此时红方局势已危，但红方借先行之利突发妙手，且看实战过程。

如图2-155所示，红方马挂角进行双重威胁，真乃巧妙之着！然黑方撑士无奈，若是改走车6进1，则车六进六，将5进1，车三平六，将5平6（若改走象5退7，后车进二，将5进1，前车平五，士6进5，则车六退一杀），后车进二，士6进5，前车平五胜。

如图2-156所示，黑方此时进车马口，意为防红方车六进五堵象眼绝杀，颇为无奈。

如图2-157所示，红方采用弃马陷车手段，妙手！黑方已是无力回天！

如图2-158所示，前面黑方虽弃车努力坚持，但红方的上着贴马缠车，招法极为机警，得以抢先成杀，因此红方胜。

1. 马六进四
   士4进5　　（图2-155）
2. 车三平七　马3退2
3. 车七进一
   车8进2　　（图2-156）
4. 马四退二　卒6平5
5. 马二进三　（图2-157）
   车6平7
6. 车六进五　（图2-158）

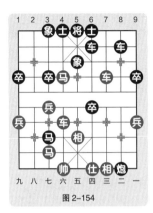

图 2-154

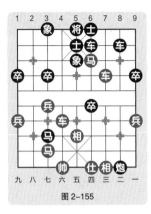

图 2-155

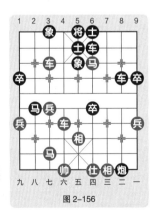

图 2-156

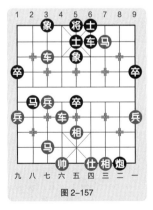

图 2-157

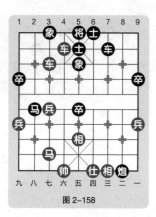

图 2-158

技巧49
勇弃兵围点打援

　　图2-159所示是某年在江西宜春举行的全国象棋个人赛上两军对峙的局面，眼下黑方除边车晚出外，左右两翼兵力因互保而形成了一道完美的防御链条，显而易见，红方此时寻觅突破点乃重中之重，且看红方如何应着。

　　如图2-160所示，红方进兵乃超凡脱俗的一大手笔！因为一般情况下，献兵的目的都是先弃后取，但在此形势下黑方有炮暗保，因此是弃而不取。

　　如图2-161所示，红方此着退炮意为引诱黑卒连冲！

　　如图2-162所示，红方此时出相可谓是攻不忘守！若是急走马一进三，卒6进1，前炮进五，炮3平7，炮三进六，卒6平7，则红方没占便宜。

　　如图2-163所示，此时黑卒顺势而下也是不得已而为之，因为红方有马一进三的好棋。

　　如图2-164所示，红方前面退炮，早有预谋，此时黑卒随波逐流连冲六步，导致的后果是红方各子借机调整，因此而占据较佳点位。

　　如图2-165所示，红方聚积的巨大动能终于在此时爆发，汹涌澎湃的攻势瞬间喷薄而出。

　　如图2-166所示，黑方此时若是贪吃马而走卒8平9，马四进五，则红方大有攻势，导致黑方难招架。

　　如图2-167所示，对弈至此，因为"孤卒难鸣"，经过长途跋涉的黑卒终于被放弃。

　　如图2-168所示，黑方此时进卒乃劣势下的顽强防御。

如图2-169所示，红方集中优势兵力向黑阵侧翼袭击，佳着！

如图2-170所示，黑方此时若改走炮9平5，仕四进五，马5退7，车六平五，车2进6，马四进三，则红方亦大优。

如图2-171所示，此时的红方已迎来胜利的曙光，因为第一道防线突破在即。

如图2-172所示，对弈至此，红方胜势，余着从略。

1. 兵三进一　（图2-160）
   卒7进1

2. 炮五退一　（图2-161）
   卒7平6

3. 炮五平三　象7进9

4. 相三进五　（图2-162）
   卒6进1　（图2-163）

5. 马七进六　卒6进1

6. 前炮进四　卒6平7

7. 后炮平六
   卒7平8　（图2-164）

8. 马六进四　（图2-165）
   象9进7　（图2-166）

9. 马一退二　车1进1

10. 马二进四
    车1平2　（图2-167）

11. 后马进二
    卒5进1　（图2-168）

12. 马二进四　马4进5

13. 炮六平二　（图2-169）
    炮9进5

14. 前马进三
    炮3平7　（图2-170）

15. 车六平五　马5退3

16. 炮二进八　炮7退2

17. 炮三平四　（图2-171）
    卒3进1

18. 马四进三　车2进2

19. 马三进二　车2平5

20. 车五平三　将5平4

21. 马二进三　象5退7

22. 车三进四　士5进6

23. 炮四进三　车5平8

24. 兵七进一　（图2-172）

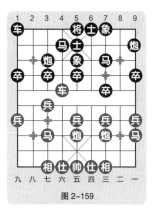

图 2-159

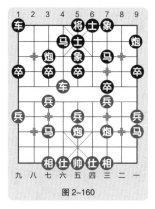

图 2-160

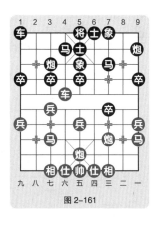

图 2-161

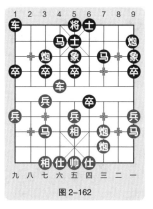

图 2-162

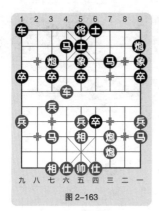

图 2-163

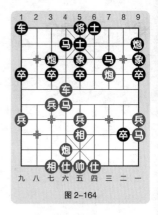

图 2-164

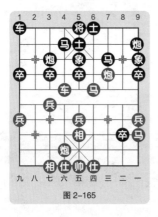

图 2-165

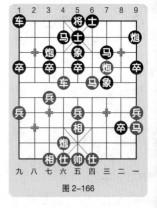

图 2-166

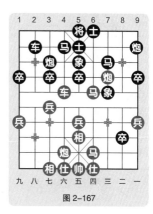

图 2-167

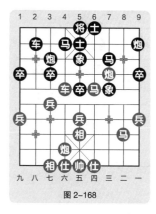

图 2-168

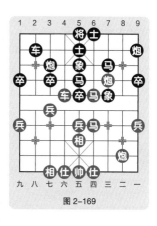

图 2-169

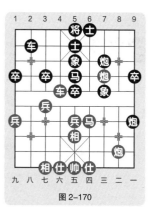

图 2-170

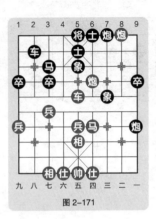

图 2-171

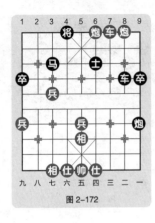

图 2-172

总结

　　本局黑方的失败足以证明，无论是布局还是中局，过于频繁走动某一子，必将造成其他兵力行动迟缓，势必会带来危难。

技巧50
两次运炮显神功

图2-173所示是某赛事中辽宁的孟立国与韩福德两选手的实战对局，枰面上是双方弈至第7回合的瞬间阵型，双方以中炮过河车对屏风马左马盘河展开交锋，不难看出，红方采取了较为流行的五九炮阵式，而黑方飞炮过河，似是而非，因此导致局面失控，当时正着应改走车1平2较为扎实，现轮红方行棋，且看实战过程。

如图2-174所示，红方此着平车捉马，甚为机敏，致使黑方子力协调不及。此时红方若是改走车九平八，则炮2平3（含蓄有力的一着，若炮2平7，红方可相三进一，卒7进1，车二平四，马6进8，马七进六，则占据主动），兵五进一，卒7进1，车二退一，马6进7或马6退7，红方则不易驾驭。

如图2-175所示，眼下黑方若改走马6进7，则马七进六，车1平2，车九平八，导致黑方过河炮落空，反让红方占优。

如图2-176所示，红方此着以退为进，着法灵活，此时若是教条式地走相三进一（若吃马，黑方则弃子抢攻），则炮8进2，下还有炮7平6的手段，故黑方可纠缠。

如图2-177所示，黑方此着升炮保马，乃是作茧自缚，但也是权宜之策，因为此时若是改走马6退4，红方则炮五进四，马3进5，车四平五，马4进3，相七进五，黑马进退两难。

如图2-178所示，红方的两度运炮，卓有成效地控制了黑车的出行，现在紧握先手，准备进车展开攻势。

如图2-179所示，红方平车乃要着！因为黑方有车7进2逼兑的手段。

如图2-180所示，此着进马显得凶悍！在黑方左翼子力运转不灵之时，红方趁机进一步在空间上压制对方，可谓是咄咄逼人。

如图2-181所示，红方平车，好棋！此着红方将黑方子力控制于股掌之中，令其有劲无处使。

如图2-182所示，黑方退士试图松透局面。此时若改走马6进5，则车七平二，以下会有红方车二进一与前炮平五的双重打击，黑方则两难兼顾。

如图2-183所示，黑方扬象捉炮，图谋红方的河口车，此着可谓是孤注一掷，因为在红方左翼兵团的围攻下，黑方已渐感压力沉重，因此想到与其困守不如一搏之着。

如图2-184所示，枰面上红方的边炮好似一条巨大的纽带，稳稳地牵住了黑方右车。红方此时退炮打马，采用"闪击"而谋得一子，致使黑方的反扑顷刻化为泡影。

一学就会的100个象棋实战技巧

27. 马五进七　卒7进1

28. 仕六进五

　　象5进3　　（图2-183）

29. 车八退一　象7进5

30. 前炮退二　（图2-184）

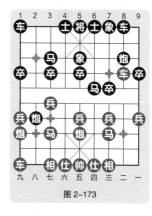

图 2-173

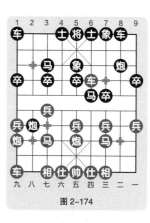

图 2-174

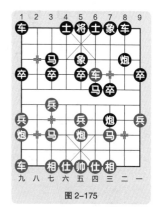

图 2-175

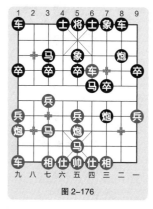

图 2-176

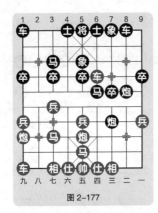

图 2-177

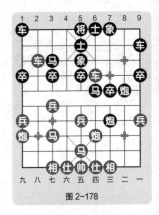

图 2-178

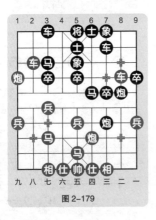

图 2-179

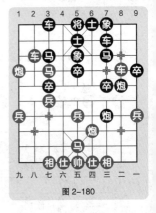

图 2-180

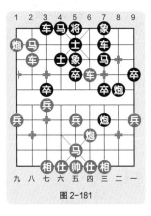

图 2-181

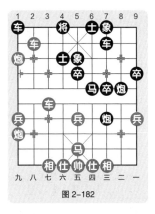

图 2-182

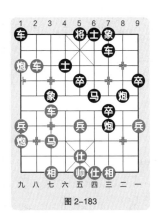

图 2-183

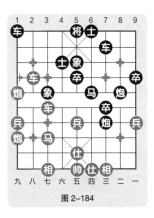

图 2-184

技巧51
弃还马全局在胸

图2-185所示是辽宁名将尚威执红在实战中的精彩战例，眼下黑车正欲捉红马，显然红方要逃马非常简单，只要退五吃卒即可，然而红方此时却敏锐地利用马塞象眼和对方左翼相对虚弱的瞬间，毅然弃马，勇气可嘉，且看实战过程。

如图2-186所示，此时红方发现了黑方左翼相对空虚的弱点，果断弃马，借此调集强大兵力猛攻对方左翼，必定有所收获。一般来说，在红马被捉时，棋手们多半会考虑马六退五吃中卒，这样既得了实惠，又能使马逃出险境，然此着更有味道。

如图2-187所示，红方此时平车乃是一举两得之着，既为保马，又为下着平炮下底让开了攻击通道。

如图2-188所示，红方再度弃子，平炮强攻，可谓算度精准，胆识过人。

如图2-189所示，这又是一着弃子让路。

如图2-190所示，对弈至此，红方的所有强子已经全部调来，而黑方局势已是摇摇欲坠，形势岌岌可危。

1. 马四进三　（图2-186）
   车1平4

2. 马三进五　车8平6

3. 马五进三　车6退2

4. 车二进二　士5退6

5. 车二平三　（图2-187）
   炮2退2

6. 炮五平二　（图2-188）
   车4进1

7. 炮二进七　士6进5

8. 马三退四　（图2-189）
   车6平8

9. 前车进四　士5退6

10. 炮八平四　（图2-190）

一学就会的100个象棋实战技巧

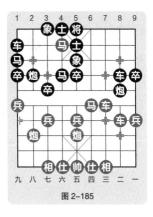

图 2-185

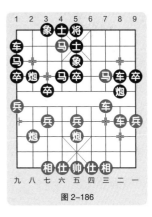

图 2-186

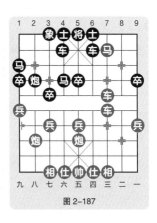

图 2-187

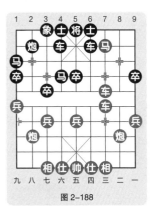

图 2-188

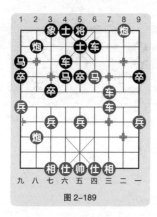

图 2-189

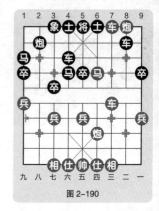

图 2-190

技巧52
马踏中象势如虹

图2-191所示是某年"柳林杯"全国象棋大师冠军赛的第8轮中上海万春林与火车头杨德琪两位大师的实战对局,眼下双方进行至第7回合,现轮红方行棋,且看黑方如何应战。

如图2-192所示,红方开左车走得含蓄,意为暗保右马。

如图2-193所示,面对红炮退一,黑车平8显得十分机警。

如图2-194所示,黑方的两步动炮明显柔中有刚,不禁令人赞赏。

如图2-195所示,黑方此着以炮打车似佳实劣,让人深觉惋惜。其实此着应改走卒3进1,这样变化下去胜负难料,黑方可纠缠。

如图2-196所示,眼下红方马踏中象,可谓凶悍之极,如此局势急转直下,立即使黑方陷入困境之中。

如图2-197所示,红方此着弃兵捉马乃佳着,巧妙而有力,使人回味无穷。

如图2-198所示,眼下红方弃兵、平车、平炮终于一气呵成,巧劫一子,至此胜负也已判定。

如图2-199所示,此时红方落相捉马,黑方认负。

8. 车九进二
　　马2进4　（图2-192）
9. 炮五退一
　　车7平8　（图2-193）
10. 马三进四　卒7进1

11. 马四进六　马7进8
12. 车一平四　炮9平7
13. 相三进一
　　炮7平6　（图2-194）
14. 车四进四　车1平3

15. 后马退五
　　炮2进2　（图2-195）

16. 马六进五　卒3进1

17. 车四平七　车3进4

18. 兵七进一　象7进5

19. 兵七平八
　　马4进3　（图2-196）

20. 兵八平七
　　象5进3　（图2-197）

21. 车九平七　炮6平3

22. 炮八平七
　　马8进6　（图2-198）

23. 炮七进二　象3退1

24. 炮七平八　炮3进7

25. 车七退二　马6进5

26. 炮八退五　卒7平6

27. 相一退三　（图2-199）

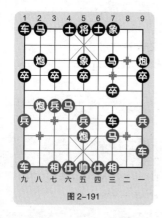

图 2-191

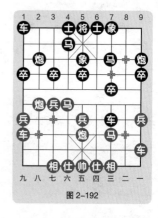

图 2-192

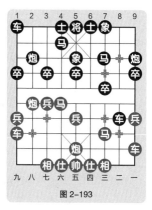

图 2-193

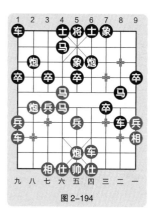

图 2-194

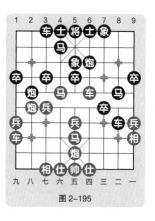

图 2-195

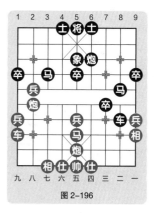

图 2-196

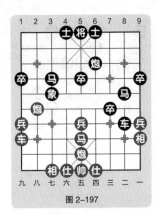

图 2-197

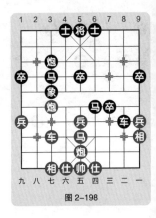

图 2-198

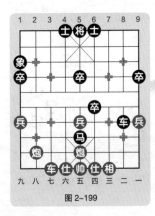

图 2-199

技巧53
中路突破奏凯歌

　　如图2-200所示，眼下红方双车封制黑方车、马、炮，左路马、炮控制将门，已占得先手。此时红方选择了从中路突破的正确战术，加快攻击，一举取得了胜势，且看精彩实战过程。

　　如图2-201所示，对弈至此，红方弃马换取双象，加强了中路的攻势。

　　如图2-202所示，至此形势，以下有红方炮五平七叫将进而要杀，故红方胜。

1. 兵五进一　卒5进1
2. 马六进四　车2平3
3. 马四进五　象3进5
4. 炮五进五
　　士5进6　（图2-201）
5. 炮六平五　车3进4
6. 车二平六　车3退2

7. 车六进六　马8进9
8. 马三进一　马3退4
9. 车六进一　车8进3
10. 车四平五　车3平5
11. 车五退一　车8平9
12. 车五进三　（图2-202）

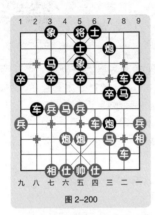

图 2-200

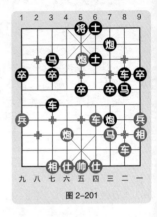

图 2-201

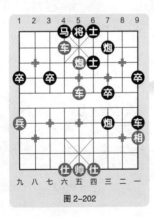

图 2-202

技巧54
进马解杀多子胜

图2-203所示是某年"红牛杯"电视快棋赛半决赛中上海胡荣华与沈阳卜凤波两位大师的实战对局,枰面上是双方以五七炮对屏风马进7卒战至第17回合的瞬间阵型,眼下黑方双炮一马过河侵扰,各子活跃,而红炮虽掠一象但孤炮难成气候,现轮红方行棋,且看其有何高招。

如图2-204所示,当下形势红方若炮八进三贪吃马,则黑方有炮5退2空头炮,红方会很难应付。然红方现闪车捉炮兼打车,以消除黑方空头炮,乃机警之着!而黑方此时进马弃子攻杀实属无奈。

如图2-205所示,红方此时平炮盖住马头,有惊无险,乃冷静之着。若改走车五退二,炮8平5,车五平二,马4退6,前车平四,车8进7,则丢车速败。

如图2-206所示,眼下红方上帅撑马是步好棋,黑方马、炮必丢其一,明显削弱了黑方攻势。此时黑方若改走炮8退4,红方只需一车换双,便可简化局面,因多子而易走。

如图2-207所示,红方进马解杀,可谓精妙无比,又同时封住黑方双车的攻击点,在此淋漓尽致地展现了马的八面威风,也因此奠定了多子的胜局。此时红方若改走帅五退一,车2进6,炮六退一,马7进6,马九进七,车2退2,则红方势必丢一子,而黑方仍有对攻的机会,反而增加了红方胜棋的难度。

如图2-208所示,此时黑方若选择逃马,红方则车五进二,士6进5,车三进七"大刀穿心"杀。

如图2-209所示，眼下以多兑少，红方何乐而不为？红方多子的胜势此时已是难以动摇。

如图2-210所示，暗伏车3平4，则炮六进三，马4退6抽车。

如图2-211所示，对弈至此，红方多子胜定，余着从略。

18. 马三进五　炮1平5

19. 车八平五
　　马2进3　（图2-204）

20. 车五退一　马3进4

21. 炮八平六
　　马4退6　（图2-205）

22. 帅五进一　车8平3

23. 帅五进一
　　马6退7　（图2-206）

24. 车五平二　车3进3

25. 马九进七　（图2-207）

车3退5

26. 前车平三　马7退5

27. 车二进六　车2平4

28. 车二平五
　　车4进4　（图2-208）

29. 车三平六
　　马5进4　（图2-209）

30. 马七进六
　　车3进4　（图2-210）

31. 车五退三　（图2-211）

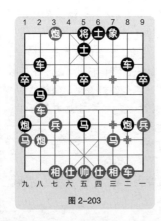

图 2-203

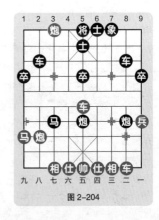

图 2-204

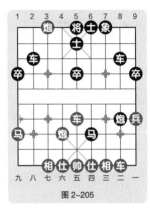

图 2-205

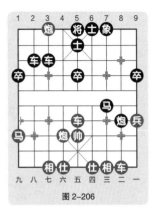

图 2-206

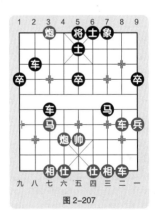

图 2-207

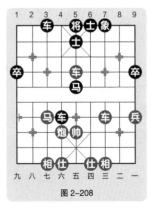

图 2-208

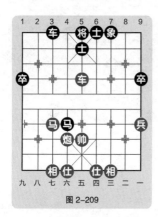

图 2-209

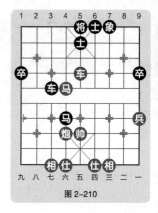

图 2-210

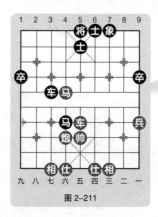

图 2-211

技巧55
奇兵突起巧制胜

演示与解说

　　图2-212所示是某年第七届"棋友杯"象棋大奖赛中，福建王晓华对铁三局金波角逐到第15回合的瞬间阵型，眼下黑车进下二路，意在对攻，实则已中红方圈套。此时应改走车8进5，则兵五进一，炮2平1，车八进二，马3退2，炮九进四，马2进3，黑方倒可抗衡。现轮红方行棋，且看实战过程。

　　如图2-213所示，红方此着进河口马可谓攻法有力。若是改走炮九退一，车8退7，炮九进五，车8平6，则兑车后黑方易走。

　　如图2-214所示，黑方此时平车捉马邀兑，其意在摆脱控链，开出右车，然事与愿违。俗话说"备周则意怠，常见则不疑"，如此一来反而授隙于红方，中了对方的"瞒天过海"之计。

　　如图2-215所示，红方此着马踩中卒伏弃车出帅叫杀，可谓凶悍有力，也是此布局的一步精华所在。正所谓"以正合，以奇胜"，红方此时奇兵突起，令黑方猝不及防，由此而夺得主动权，当属"出其不意，攻其不备"的生动写照。

　　如图2-216所示，红方此时弃车、炮轰中马，甚为精彩！

　　如图2-217所示，眼下黑方权衡利弊，经过再三考虑，也只得忍痛弃子。此时若改走车4进3，车八进一，车4平5，车八进一，士5退4，炮九进四，车5进1，炮九进三，车5平1，炮九平四，则红方大占优势。

　　如图2-218所示，红方平车生擒一马，局势天平随即向红方倾斜。

如图2-219所示，眼下红方进中兵，弃仕亮车，以便加强左翼防守，兼备攻守之着。

如图2-220所示，此时黑方支士实属无奈！

如图2-221所示，红方挺兵去卒过河，准备弃还一子，是"子"与"势"的正确选择。此着当属大局着眼，红方敢取敢舍。

如图2-222所示，红方此时右马盘河助攻，双兵携手于黑方河口，大占优势，黑方苦撑到第66回合只能停钟认负，余着从略。

16. 马七进六　（图2-213）
　　车2平4　（图2-214）

17. 马六进五　（图2-215）
　　马3进5

18. 炮五进四　（图2-216）
　　炮7平2　（图2-217）

19. 帅五平四　车4进9

20. 仕五退六　将5平4

21. 车四平三　（图2-218）
　　车8平4

22. 兵五进一　（图2-219）
　　车4进1

23. 帅四进一

士5进6　（图2-220）

24. 相七进五　车4退2

25. 炮九进四　卒3进1

26. 兵七进一　（图2-221）
　　车4退4

27. 兵五进一　车4平1

28. 车三平六　后炮平4

29. 车六平八　炮4平6

30. 帅四平五　炮2平4

31. 车八进六　将4进1

32. 兵七平六　炮6平5

33. 马三进四　（图2-222）

一学就会的100个象棋实战技巧

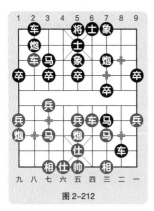

图 2-212

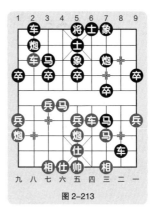

图 2-213

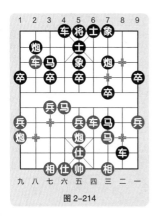

图 2-214

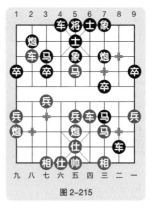

图 2-215

一学就会的100个象棋实战技巧

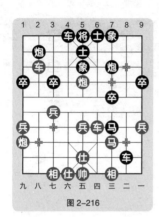

图 2-216

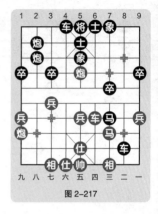

图 2-217

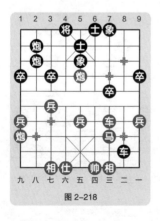

图 2-218

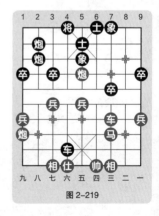

图 2-219

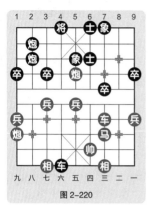

图 2-220

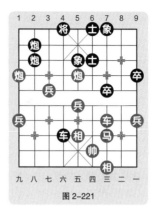

图 2-221

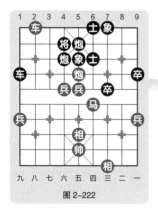

图 2-222

技巧56
车马临门攻破门

图2-223所示是某年全国象棋团体赛中深圳与四川两选手的实战对局，枰面上是双方以中炮过河车对屏风马左马盘河弈至第17回合的中局阵型，眼下红炮镇中，车占肋道，还有八路车紧拉黑方无根车、炮，乍看红方优势明显，但黑方抓住红方窝心马展开攻击，现轮红方行棋，且看实战过程。

如图2-224所示，此时红方退车是准备跳出窝心马，以消除自身的缺陷。

如图2-225所示，黑方出将助攻，车马成势，以便为谋子"写下伏笔"。

如图2-226所示，对弈至此，局面形势是黑方多子胜定，余着从略。

18. 车八退三	（图2-224）	22. 马五进七	马8进6
车2平4		23. 车八进二	将4进1
19. 炮五平六	后车进3	24. 车八退八	车4进4
20. 车四平六	车4退5	25. 仕四进五	
21. 车八进四		车4平3	（图2-226）
将5平4	（图2-225）		

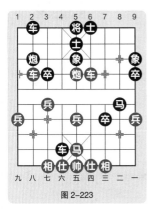

图 2-223

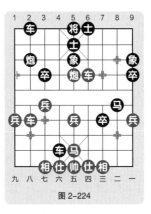

图 2-224

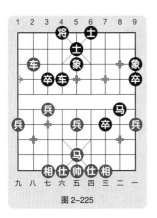

图 2-225

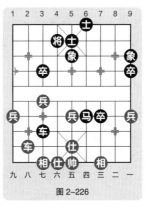

图 2-226

技巧57
炮打中象显身手

　　图2-227所示是某年全国个人赛安徽与天津两选手的实战对局，枰面上是双方以中炮进三兵对反宫马横车弈至第9回合的瞬间阵型，眼下红方巡河炮欲沿河十八打，黑方该如何应付，且看实战过程。

　　如图2-228所示，黑方进象正合红方意，导致布置线上出现漏洞。此时黑方应改走士4进5，车四进二，炮7进4，相三进一，炮7进1，前炮平三，车4进3，车四退五，马7进8，马八进九，以下黑有炮2进4的棋对红方有较大牵制，则黑方有好处。

　　如图2-229所示，红方进车是抓住黑方的弱点而见缝插针，巡河炮沿河打马的威力顿时得以显现。

　　如图2-230所示，红方进车乃紧着，是打象后的一个连续动作。

　　如图2-231所示，黑方此回合贪吃马，是失败的根源所在。黑方此时应改走马8进7，则车九平四，炮7平6，前车进一，车4平6，车四进七，马7进5，相三进五，象3进5，即使失去一象，但因兵种较红方齐全，还可以与之抗衡。

　　如图2-232所示，眼下黑方虽多一子，但藩篱尽毁，门户洞开，加之红方三路兵渡河助阵，黑方形势已是岌岌可危。

　　如图2-233所示，红方此着借黑将做炮架撑车，乃入局巧手。

　　如图2-234所示，对弈至此，黑方大势已去，遂认负。

9. 车三平四　　卒3进1

10. 炮八平五

象7进5　　（图2-228）

11. 车四进一　　（图2-229）

马7进8

12. 前炮进三　　炮2进2

13. 车九进一　　（图2-230）

炮7进6　　（图2-231）

14. 车九平四　　车4平8

15. 前车进二　　将5进1

16. 前车平六　　车1平2

17. 后车进六　　马3进4

18. 兵三进一　　马8进9

19. 炮五平六　　车8平7

20. 后炮进二　　车2进2

21. 兵三进一　　马9退8

22. 后炮平三　　车7平8

23. 前车平六　　（图2-232）

炮7退4

24. 炮三平五　　象3进5

25. 车四进二　　车2退1

26. 炮六进一　　（图2-233）

马4退3

27. 车四平五　　将5平6

28. 炮六平二　　（图2-234）

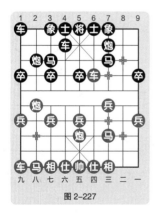

图2-227

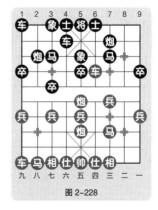

图2-228

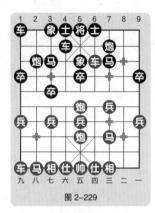

图 2-229

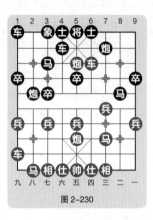

图 2-230

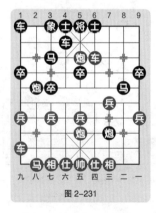

图 2-231

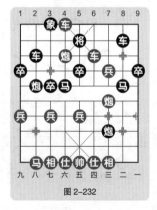

图 2-232

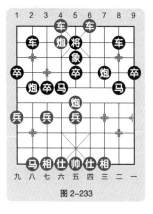

图 2-233

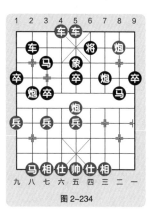

图 2-234

技巧58
渡卒逼车抢先势

一学就会的100个象棋实战技巧

图2-235所示是某年第四届"五羊杯"大赛中，湖北柳大华（红方）对河北李来群（黑方）弈至第16回合的瞬间阵型，双方在开局以中炮横车对三步虎演变成现在的局面，眼下红方弃马抢攻，企图毁黑方中象或马六进八奔卧槽构成杀局，然黑方亦有一定的反击力量，即渡卒逼车，先发制人，具体情形，且看实战过程。

如图2-236所示，黑方此时不急于吃马，而是先送掉中卒，佳着。若是误走车7进1而吃马，则红方马六进八，黑方难以招架。

如图2-237所示，红方吃卒意在准备弃马加强中路攻势。此时若改走车六退二，则马7进6，导致黑方防守坚固，净多三卒，大占优势。

如图2-238所示，黑方退车邀兑，可谓着法老练，此时红方若兑车则成少兵劣势，不兑则被黑车抢占将门要道，真是左右为难。

如图2-239所示，红方此时若改走马六进五，则车7平5，马五进七，将5平4，后炮进三，炮6退1，黑方形势亦优。

如图2-240所示，黑方此次平车乃乘机抢占肋线，攻守兼备，且有利出将助战，以破坏红方防线。

如图2-241所示，此时黑卒渡河参战，可谓是如虎添翼。以下红方若以炮兑马，由于主帅外出，防御空虚，亦难抵挡车、炮、卒的进攻。

如图2-242所示，对弈至此，黑方胜。

1. 卒5进1 （图2-236）
   车六平五（图2-237）

2. 车7进1　炮九平五

3. 车7退2 （图2-238）
   车五退一 （图2-239）

4. 车7平4 （图2-240）
   马六进七

5. 炮6平3　车五平一

6. 将5平4　后炮平三

7. 车4进4　帅五进一

8. 卒7进1 （图2-241）
   帅五平四

9. 马7进8　车一进三

10. 卒7进1　车一平三

11. 车4退3　仕四进五

12. 马8进6　车三退二

13. 卒7进1　车三平四

14. 卒7进1　帅四退一

15. 车4平3　相七进九

16. 车3平1 （图2-242）

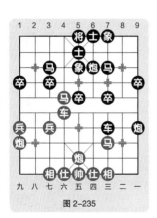

图 2-235

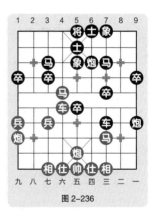

图 2-236

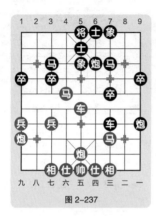

图 2-237

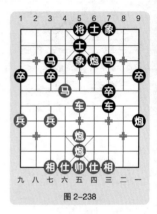

图 2-238

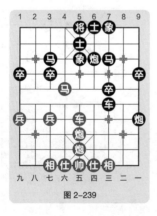

图 2-239

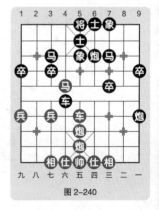

图 2-240

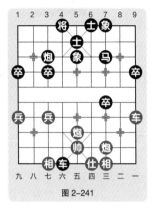

图 2-241

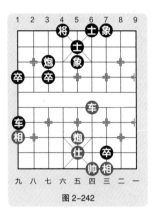

图 2-242

技巧59
弃红炮将计就计

图2-243所示是某赛事第5回合的瞬间阵型，眼下黑方跳马横车布局，集结主力于左翼伺机反击，现轮红方行棋，且看实战过程。

如图2-244所示，红方此着进车未提防黑方补士固防以后有进车捉马的抢先手段，似可改走炮五平七。

如图2-245所示，红方此时若改走车九平六，则黑方可抗衡。

如图2-246所示，红方此时若改走车九平七，则黑方势优。

如图2-247所示，此时红方若改走马六进五，则无便宜可占。

如图2-248所示，红方主动弃兵，意图接着弃炮，马六进四再跳六吃回一子，然黑方反弃红炮而将计就计，渡卒过河捉双，妙哉！

如图2-249所示，黑方逃炮乃佳着，防守兼备。

如图2-250所示，此时红方若改走马六进七，则黑方势优。

如图2-251所示，对弈至此，黑方形势多子大优。

6. 马七进六	士6进5		马8进6
7. 车九进一	（图2-244）	10. 前车进三	（图2-247）
车6进4		车6平8	
8. 炮八进二	（图2-245）	11. 车二进四	
卒3进1		卒3进1	（图2-248）
9. 车九平二	（图2-246）	12. 马六进四	卒3平2

13. 马四进六
    炮2进2　　（图2-249）
14. 兵五进一　（图2-250）
    炮2平3

15. 车二进四　车9平6
16. 兵三进一　卒7进1
17. 马三进五
    炮7进1　　（图2-251）

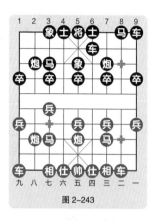

图 2-243

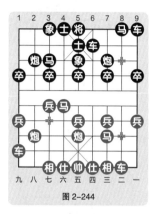

图 2-244

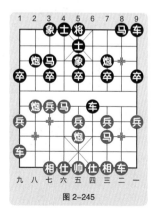

图 2-245

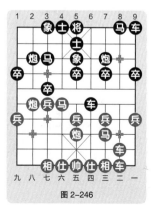

图 2-246

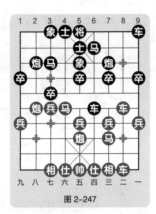

图 2-247

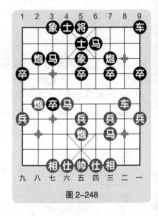

图 2-248

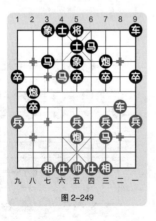

图 2-249

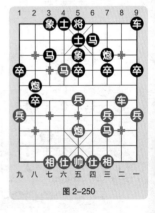

图 2-250

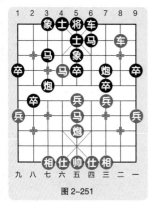

图 2-251

第三章
残局实战技巧

　　象棋的残局即一局棋的尾声阶段，此时双方兵力大量消耗，棋盘上的形势从中局大量子力的扭杀转变为少量子力间的互动，即直接性的战斗接触减少，最为关键的是子力的调运。

　　象棋的实战对局中，形成残局生死棋型格式的情况不甚多见。有的形成复杂的对攻局面，具有优势的一方在组织攻击手段的同时，还要时刻注意对方的反击；有的形成无一定规律的局面，此时双方的子力占位、运子技巧、进攻时机等因素决定了最终的胜、负、和。

　　本章收集了一些实战中的精彩残局战例，为读者演绎高手的实际战法，希望能对广大象棋爱好者有所裨益。

技巧60
出帅助攻控黑将

　　如图3-1所示，眼下红方双马对黑方炮、双象，此类残局稍微有些复杂，若不能审清形势，便会多走弯路，反而应胜而未胜。此类残局中，红方可以帅与马配合，控制黑方将的行动，而另一马则设法催杀，此时黑炮必来蹩马腿，红方便可乘机吃掉炮或象，只需破得一子，便可获胜了。现轮红方走子，请看实战过程。

　　如图3-2所示，此时红方升帅乃一步不错的等着，若是误走其他，则可能成和。

　　如图3-3所示，对弈至此，红方捉死炮而获胜。

1. 马八退七	炮4退1	6. 马七退六	炮6退2
2. 帅四进一	（图3-2）	7. 马三进四	象1退3
	象1退3	8. 帅四平五	炮6平5
3. 马七进六	炮4平6	9. 马六进四	炮5进2
4. 马六退五	象3进1	10. 前马退三	（图3-3）
5. 马五进七	将5平4		

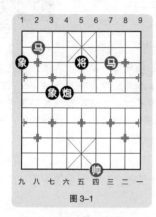

图 3-1

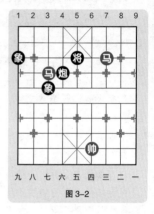

图 3-2

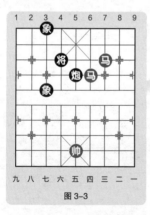

图 3-3

技巧61
宝马守宫鬼手取胜

图3-4所示是某年全国个人赛中陕西王洪禄与北京殷广顺的实战对局，眼下黑方虽占得破仕的便宜，但也给红方占了空头炮之利，黑方肋车牵住中炮，右翼车、炮可以阻挡红方车一平四杀士，因此一时还不怕对方攻杀。此时红方必须使中炮生根，才能放手攻杀，而现在挺起中兵赶炮，意图试探黑方应手，且看实战过程。

如图3-5所示，红方挺起中兵赶炮。

如图3-6所示，黑方平炮打马，力图争取对红方左翼还击，展开对攻，也是必然的一着。

如图3-7所示，红方此着上马是伏下的鬼手，这为以后的防守反攻立了大功，同样也是有惊无险的诱敌之着。

如图3-8所示，红方上仕阻车，凶悍之着。

如图3-9所示，黑方此着平炮企图与红方对抗。

如图3-10所示，黑方此时若炮8进2，车四进七，炮7退3，兵五进一，车4进3，车二平四，炮8退2，马七进六，则红方胜势。

如图3-11所示，此时黑方若车4平3吃马，则帅五平四成绝杀。

如图3-12所示，红方此着进车乃致命一击，黑方此时若车4平3吃马，帅五平四，炮7平6，车二退一，则绝杀无解。

如图3-13所示，红方弃炮吃象，续有车四进一破士攻杀，故胜定。

如图3-14所示，至此局面，红方胜。

1. 兵五进一 （图3-5）
   炮5平1 （图3-6）
2. 马九进七 （图3-7）
   炮2进7
3. 仕六进五　车1平4
4. 仕五进六 （图3-8）
   炮1平8 （图3-9）
5. 车一平四　炮8退4
6. 前车平三　炮2平7
7. 车三平二

8. 前车进3 （图3-10）
   车二进三
   炮7退3 （图3-11）
9. 车四进七 （图3-12）
   后车进1
10. 帅五平四　炮7平6
11. 车二平三 （图3-13）
    后车平5
12. 车四进一　将5进1
13. 车四平五 （图3-14）

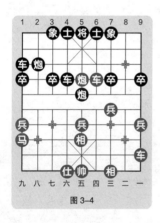

图3-4

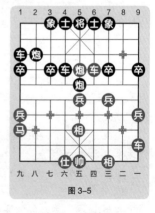

图3-5

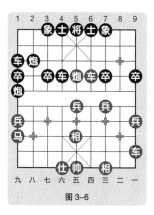

图 3-6

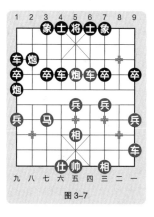

图 3-7

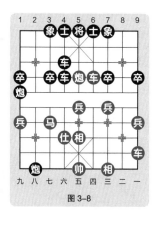

图 3-8

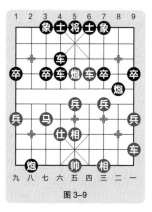

图 3-9

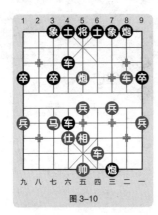

图 3-10

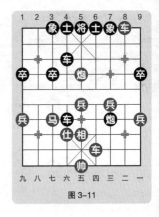

图 3-11

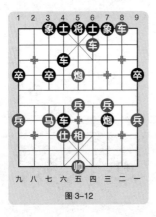

图 3-12

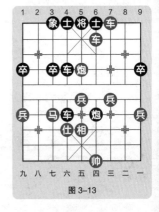

图 3-13

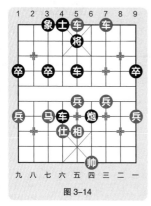

图 3-14

技巧62
象归一边玄机其中

如图3-15所示，象归一边有玄机。由于马、兵难破士象全，因此在遇到失子、失先处于下风的时候，棋手们应当尽量想方设法走成下列的任何一种局面，以避免输棋。现轮红方行棋，且看实战过程。

如图3-16所示，黑方退士乃求和的妙着！

如图3-17所示，此时红方若改走马七进八，则象9退7，马八进六，将4进1，兵四进一，象7退9，马死，遂成和局。

如图3-18所示，黑方退象是步妙着，以后可以弃士关马。

如图3-19所示，红方此时若改走马五进六，则黑方将4进1，吸住红马。

如图3-20所示，此时红方若改走马三进五，则将4平五，马五进三，象9进7，马三退四，将5平4，红马不能吃士，亦是和局。

如图3-21所示，眼下红方若改走兵四进一，亦成和局。

如图3-22所示，对弈至此，红方马死，和定。

1. 马六退七	象7退9
士5退6　（图3-16）	4. 马三进二　（图3-20）
2. 马七进五　（图3-17）	象9进7
象9退7　（图3-18）	5. 马二进四　（图3-21）
3. 马五进三　（图3-19）	将4平5　（图3-22）

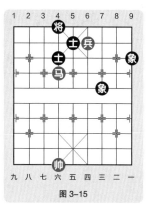

图 3-15

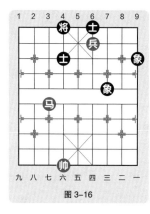

图 3-16

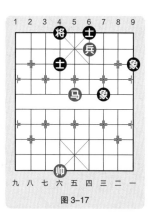

图 3-17

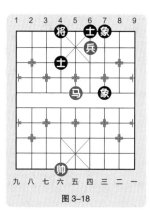

图 3-18

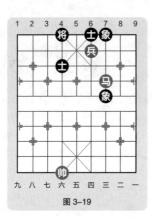

图 3-19

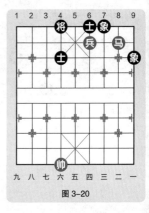

图 3-20

图 3-21

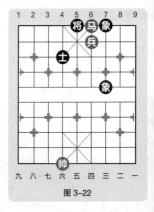

图 3-22

技巧63
不贪小利巧施禁困

　　作为弃子战术这棵大树上的一个枝杈，弃子禁困的内容之丰富、手法之巧妙，可谓是大大地超出了一般的想象。就禁困对象而言，弃子禁困有禁困对方主将和禁困对方强子之分；就禁困形式而言，则有严禁和宽禁之别；就禁困时效而言，有长期和暂时之异；就禁困的战术目的而言，又有困敌主力以利攻杀和迫敌作子力上的不利交换两种情形。但是万变不离其宗，从本质上讲，它则是着眼于限制对方主将或强子活动空间的一种特殊手段。

　　图3-23所示是某年第八届"棋友杯"全国象棋大奖赛第七轮中火车头大师崔岩执红对浙江业余高手梅兴宙的实战对局，枰面上是双方弈完53回合时的瞬间阵型。眼下红方并不满足先进车打将再退车吃卒、先弃后取占小便宜的结果，而是不失时机地运用弃子禁困战术，以使黑车丧失活力，而且续攻着法十分精彩。现轮红方行棋，且看实战过程。

　　如图3-24所示，红方此着平炮真是妙极！这样置马被捉于不顾，反又献一炮，以无根之炮禁住黑车，而令其失去离线自由，真是妙手。

　　如图3-25所示，红方进马乃要着。此着意在禁住中象，为七兵过河欺车创造条件。

　　如图3-26所示，红方此时过兵欺车，使黑方不得不后手应一着，而被逼得让开河口要津。因为黑卒已逼近九宫，红方若再缓一步，就会被黑将反夺主动。黑方此时若车4进1，则红方马四退五叫杀，已无应手，只能欣然认负。

1. 车九进三　将4进1　　　4. 帅五平六　卒6平5

2. 炮五平六　（图3-24）　5. 马五进四　（图3-25）
　　士5进6　　　　　　　　卒5进1

3. 车九平五　象9退7　　　6. 兵七进一　（图3-26）

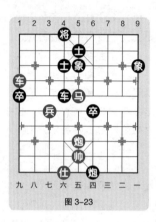

图3-23

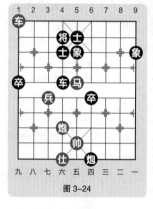

图3-24

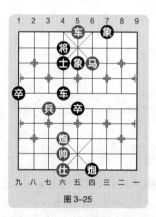

图3-25

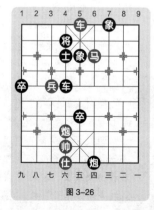

图3-26

技巧64
巧渡7卒擒马得胜

图3-27所示是某年全国赛中北京大师臧如意对杨官璘以中炮横车七路马对屏风马实战对局，枰面上是双方弈至第45回合的瞬间阵型。不难看出，眼下双方实力虽然相当，但红方车、马受牵，是其致命的弱点。黑方巧用牵制战术手段，从容渡7卒而助战，车、炮、卒紧密配合侧攻，最终擒马得胜。现轮黑方行棋，且看实战过程。

如图3-28所示，黑方巧渡7卒乃佳着，"选点"明确，达到扩先取势的目的。

如图3-29所示，红方此时退贴帅马被黑炮牵制，若改走马三退二，虽显被动，尚可应付。

如图3-30所示，此时红方若改走车四退三，则黑方车8进3，以后还有渡边兵的棋，红方亦难应付。

如图3-31所示，黑方此时也可改走卒7进1，红方若车四退三，卒7平6，车四平二，车4平2，伏车6平5，则黑胜。

如图3-32所示，黑方炮打中仕，摧毁防线，眼下胜局已定。

如图3-33所示，对弈至此，黑方得子胜定。

1. 卒7进1　（图3-28）
　　车七进二
2. 卒7进1
　　马三退四（图3-29）
3. 车2平8　兵五进一
4. 炮8进2　兵五进一

5. 卒7进1　车七平三
6. 卒7平8　车三平四
7. 卒8进1
　　仕五进六（图3-30）
8. 卒8平7　帅五进一
9. 车8平4　帅五平六

10. 炮8退1　仕六进五
11. 将5平4　（图3-31）
　　帅六退一
12. 炮8平5　（图3-32）
　　兵五平六
13. 车4进1　帅六进一

14. 炮5进1　帅六平五
15. 炮5平1　车四平八
16. 卒7平6　帅五平四
17. 车4平6　帅四平五
18. 车6进5　（图3-33）

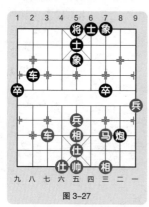

图 3-27

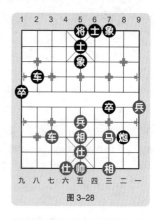

图 3-28

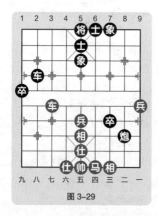

图 3-29

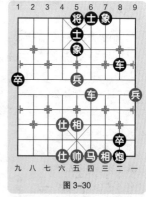

图 3-30

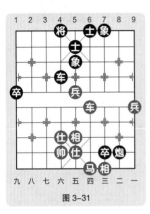

图 3-31

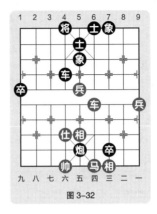

图 3-32

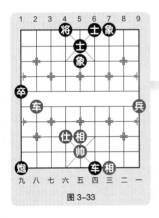

图 3-33

技巧65
妙用棋规巧着取胜

图3-34所示是某年全国个人赛中河北张江与广西黄世清的精彩对局，枰面上是双方弈至第68回合的瞬间阵型，眼下单车对老兵，古有"车正永无沉底月"之说，但红方借用棋规巧取胜利，现轮红方行棋，且看实战过程。

如图3-35所示，此着红车沉底可谓是走得精妙，以下即以棋规使黑车离开中线，胜局已定。

如图3-36所示，依照棋规，黑方"二打对二闲"必须变招。

如图3-37所示，双方对弈至此，红车占据中线而获胜。

1. 车六进六　车5退3	8. 帅五平六　车5平4
2. 车六退二　车5进3	9. 帅六平五
3. 车六平四　将6平5	车4退3　（图3-36）
4. 车四进三　（图3-35）	10. 帅五平四　车4进2
车5平4	11. 兵七平六　车4平8
5. 帅六平五　车4平5	12. 车四平五　将5平4
6. 帅五平六　车5平4	13. 帅四平五　（图3-37）
7. 帅六平五　车4平5	

一学就会的100个象棋实战技巧

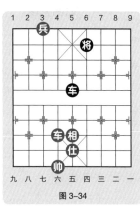

图 3-34

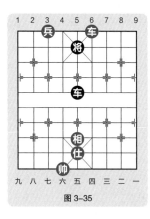

图 3-35

图 3-36

图 3-37

技巧66
左腾右挪卒到成功

演示与解说

一学就会的100个象棋实战技巧

图3-38所示是1996年全国团体赛中黑龙江赵国荣与上海胡荣华的残局局面，眼下黑方车马炮卒明显占优，但能否必胜红方车双炮仕相全，还是个谜，下面实战中，黑方着法较为细腻，而红方则稍有疏忽，以致最终落败。现轮黑方行棋，且看实战过程。

如图3-39所示，此时黑方若炮4进3，则车八退一，车4平2，帅六进一，则成炮仕相全和单车卒的形势。

如图3-40所示，红方此时应改走车八平五，虽身处劣势，但大可周旋。

如图3-41所示，此时红方若炮八平六，炮5平4，炮六退一，车4进2，帅六进一，马2退4，仕五进六，马4进3得子而胜。

如图3-42所示，对弈至此，红方认负。

1. 炮六退一		
车4平3	（图3-39）	
2. 炮六平八	炮4退2	
3. 炮八进一	士4进5	
4. 炮一平四	车3平6	
5. 帅六平五	炮4平5	
6. 车八进五	士5退4	
7. 车八退五	士4进5	
8. 车八进五	士5退4	

9. 车八退五	车6平3	
10. 帅五平六	士4进5	
11. 车八进五	（图3-40）	
象5退3		
12. 车八退五	车3平4	
13. 帅六平五	（图3-41）	
炮5进3		
14. 车八平七	将5平4	
15. 车七进五	将4进1	

16. 车七退一　将4退1

17. 车七进一　将4进1

18. 车七退九　卒7进1

19. 车七平九　卒7进1

20. 炮四平一　炮5退1

21. 炮一进一　马2进4

22. 帅五平六

　　车4退2　　（图3-42）

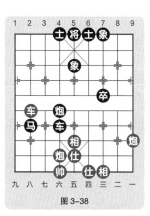

图 3-38

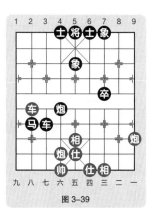

图 3-39

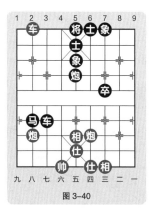

图 3-40

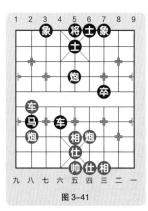

图 3-41

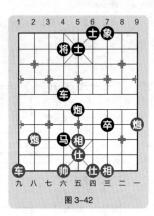

图 3-42

技巧67
独炮轰鸣和炮卒

演示与解说

如图3-43所示，眼下黑方炮卒配合将，很有攻势，而红方单炮若应对不慎，则极易落败。此时红方孤炮镇守，极力守和，现轮红方行棋，且看实战过程。

如图3-44所示，几个回合下来，以和棋收尾。

1. 炮八平五　炮6平5	5. 炮一平四　将5平6
2. 炮五平四　炮5平4	6. 帅五平六　卒5平4
3. 炮四平一　卒4平5	7. 帅六平五　炮5平6
4. 帅四平五　炮4平5	8. 炮四平五　（图3-44）

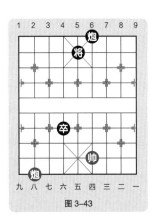

图3-43

图3-44

此残局的守和关键有三点：一是红方需注意黑方将与卒的动向，特别是不要让黑将占中线后，其炮、卒正好架在红帅的头上；二是红炮在帅后赶子时，要注意被对方的炮照将后抽吃；三是要避免兑炮。

技巧68
运炮组形发起总攻

图3-45所示是某年全国个人赛中江苏大师季本涵对杨官璘的实战对局，枰面上是双方弈至第96回合的瞬间阵型。显而易见，眼下黑方马、炮、双卒占位尚好，而红方右翼空虚，针对这个弱点，黑方借先行之利，运炮"组形"，继而发动总攻。现轮黑方行棋，且看实战过程。

如图3-46所示，黑方平炮拦炮以攻击红方右翼空虚的弱点，可谓是一举两得。

如图3-47所示，黑方进马卧槽意在暗保3卒，是"形"的整体原则的一种体现。

如图3-48所示，黑方此着底卒破仕叫杀十分有力，也是"展形"在临局的体现。

如图3-49所示，黑方此着进卒乃妙着！可谓双管齐下，精彩入局。

如图3-50所示，双方对弈至此，黑方连杀取胜。

1. 炮2平8 （图3-46）　　　8. 炮8进6　仕五进六
　　炮二进三　　　　　　　　9. 马6进8 （图3-47）
2. 将6平5　马三进一　　　　　炮一进三
3. 炮8退2　马一退二　　　　10. 卒3平4　相五进七
4. 马7退6　马二进四　　　　11. 马8进7　帅五平四
5. 炮8退1　炮二平一　　　　12. 卒4进1 （图3-48）
6. 卒2平3　马四进三　　　　　炮一平五
7. 将5退1　炮一退八　　　　13. 卒5平6　仕六退五

14. 卒6进1 （图3-49）
　　仕五退六

15. 卒6进1　帅四平五

16. 卒6平5　帅五平四

17. 卒5进1 （图3-50）

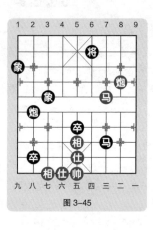

图 3-45

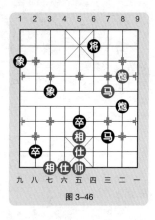

图 3-46

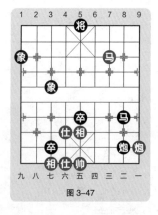

图 3-47

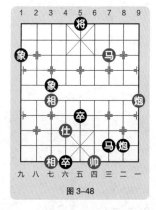

图 3-48

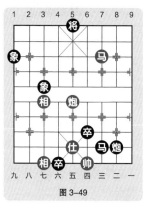

图 3-49

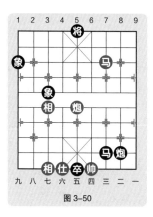

图 3-50

技巧69
巧运车马兵到成功

演示与解说

车、马、兵联合作战，具有较强的攻坚能力。此类进攻时一般先用兵摧毁对方士象，再用"车马冷着"将死对方；又或者先弃马破士，再以车兵残棋杀入局；亦可用三子合力攻坚，一举围攻取胜。这种联合作战的杀法，变化精彩，实用性强，因此也是棋手们历来着力研究的课题。

图3-51所示是某年全国团体赛中吕钦对柳大华以五八炮对屏风马的实战对局，枰面上是双方弈完第30回合的瞬间阵型。不难看出，眼下红方车马四兵仕相全对黑方车炮三卒单缺象，双方各有兵（卒）过河，显然红方形势较优。实战中红方运用熟练的运子技巧，先活子，后策应，抓住黑方单象的弱点，进行车、马、兵联攻，一举破城。现轮红方行棋，且看实战过程。

如图3-52所示，红方升车"选点"明确，意在准备左移，以策应边马展开攻势。

如图3-53所示，眼下双方各自渡兵过卒，现黑方沉底炮，双方由此蓄意对攻。

如图3-54所示，黑方平车弃象实属无奈，若改走象5退3，则红方车八平三抢占要道，黑方亦无益。

如图3-55所示，此时黑方若改走车6进4，车五平三，车6进2，帅五进一，车6退1，帅五退一，卒4进1，车三进二，将6进1，马九退七，则在对攻中红方可捷足先登。

如图3-56所示，红方退车邀兑意在以逸待劳，化解黑方对攻，更重要的是抢占肋道，这也是下面取得优势的关键之着。

如图3-57所示，黑方进车是被迫一搏，倘若兑车，会因缺双象而招致败局。

如图3-58所示，黑方进卒对攻，此时若改走车7退6，车五平四，士5进6，车四平六捉士捉卒，则黑方亦难应付。

如图3-59所示，黑方此时若改走车5退2，车一进三，士5退6，马八进七，将5平4，车一平四，则红方速胜。

如图3-60所示，双方对弈至此，黑方已无力抗衡，只能认负。若是续走车5平3，则仕四退五，卒4平5，帅四平五，红方亦胜。

1. 车二进四	（图3-52）	13. 帅五退一	
卒2平3		卒4进1	（图3-58）
2. 车二平八	前卒平4	14. 车五平四	士5进6
3. 兵五进一	卒3进1	15. 车四进一	将6平5
4. 车八进五	士5进4	16. 马九退八	卒4进1
5. 兵五进一		17. 帅五平四	士4进5
炮9进2	（图3-53）	18. 车四进一	车7进1
6. 车八退二		19. 帅四进一	炮9平4
车3平7	（图3-54）	20. 兵五进一	车7平5
7. 车八平五	士6进5	21. 车四平一	
8. 帅五平四	车7平6	将5平4	（图3-59）
9. 帅四平五	将5平6	22. 车一进三	将4进1
10. 仕五进四		23. 马八退七	车5退2
车6平7	（图3-55）	24. 马七进九	士5退6
11. 车五退一	（图3-56）	25. 马九退七	将4平5
车7进6	（图3-57）	26. 兵五进一	将5退1
12. 帅五进一	车7退1	27. 马七进九	（图3-60）

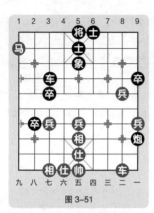

图 3-51

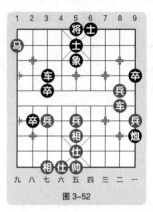

图 3-52

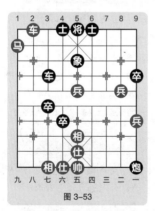

图 3-53

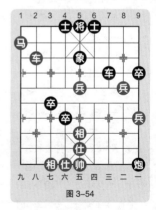

图 3-54

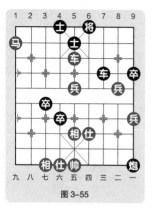

图 3-55

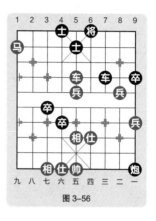

图 3-56

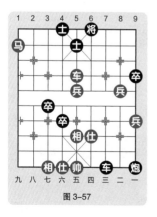

图 3-57

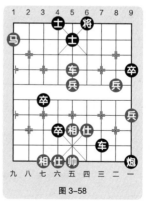

图 3-58

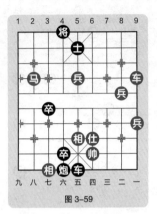

图 3-59

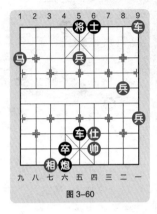

图 3-60

技巧70
妙用车炮紧逼取胜

　　图3-61所示是某年全国预赛中杨官璘对安徽大师蒋志梁以中炮对拐角马的布局，枰面上是双方弈完第75回合的瞬间阵型。眼下是红方车炮兵仕相全对黑方马双炮卒士象全的形势，显而易见，红方有车较易走。实战中红方以其精湛的残棋功夫，妙用车、炮，步步紧逼，趁势谋子，赢得了胜局。现轮红方行棋，且看实战过程。

　　如图3-62所示，红方此着平炮塞象腰可谓紧逼有力，攻击黑马。

　　如图3-63所示，黑方此时若改走象7退9，则红方车四平一吃卒，亦红方胜。

　　如图3-64所示，红方平车攻马乃制胜的要着，此时黑方已难应付，倘若马4进2，车六平八，马2退4，车八进三，马4进3，车八进一，士5退4，车八退三，则红方得子胜定。

　　如图3-65所示，双方对弈至此，红方已胜券在握，以下黑方只有象5退7，则红方炮二退一打马黑方失子，红方亦胜。

1. 炮四平六　（图3-62）	5. 车四平六
马3退2	马4进3　（图3-64）
2. 炮六平八　炮7进3	6. 炮五平七　马3退2
3. 炮八平五	7. 车六进一　炮1平3
马2退4　（图3-63）	8. 炮七平二　炮5进1
4. 炮五退五　炮7平5	9. 炮二进八　（图3-65）

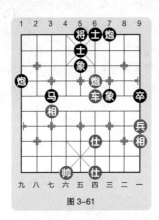

图 3-61

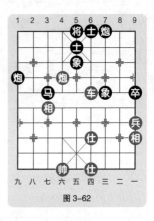

图 3-62

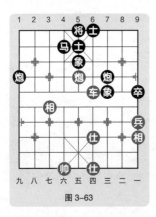

图 3-63

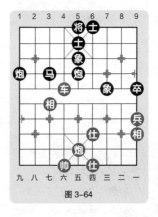

图 3-64

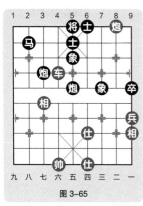

图 3-65

技巧71
车马纵横无不胜

演示与解说

图3-66所示是某年第四届全运会决赛中吕钦对陕西王洪录的实战对局，枰面上是双方以中炮巡河炮对龟背炮布局弈完第43回合的瞬间阵型。眼下黑方车守横线的第三路要位，双象正位，且有两卒，显而易见，红方取胜较难。但实战中红方驭马有术，紧迫攻杀，最终使对方不敌而败。现轮红方行棋，且看实战过程。

如图3-67所示，红方此时的平车可以说是另辟蹊径，若改走马七进六，则黑车6平4管马，红方会难有作为。

如图3-68所示，黑方此着出将可谓是失算！这也是此局致败根源所在。黑方此时宜走车3平7而防马。

如图3-69所示，红方伏踩象抽将，车、马在横线显威，对弈至此黑方已难以应付。

如图3-70所示，黑方此时若改走将6退1，马五退三，将6平5，车八平四，将5平4，车四进一，将4进1，车四平五，车3退1，马三进四，伏抽照杀象，则红方胜定。

如图3-71所示，现红方撑仕再飞相露帅，已构成巧胜，黑方只能认负。

1. 马七进六	将5进1	6. 车二平五	车6进1
2. 马六退五	将5退1	7. 车五平一	（图3-67）
3. 马五进七	将5平6	卒9平8	
4. 车七平二	卒8平9		
5. 车二进一	将6进1	8. 车一平二	卒8平9
		9. 车二平六	车6平3

10. 车六退一　将6退1
11. 马七进五
　　将6进1　　（图3-68）
12. 车六平八　（图3-69）
　　将6进1　　（图3-70）

13. 马五退三　车3平7
14. 马三进四　象5退7
15. 车八平五　车7平4
16. 马四退六　卒9平8
17. 仕五进六　（图3-71）

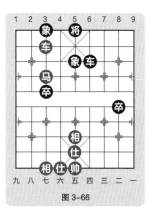

图 3-66

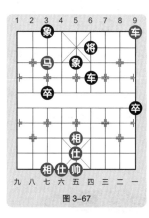

图 3-67

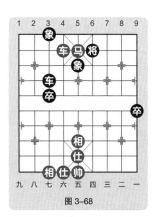

图 3-68

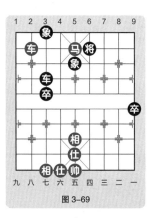

图 3-69

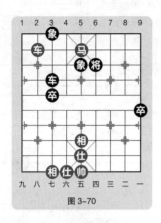

图 3-70

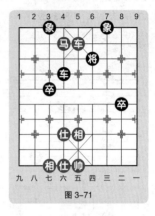

图 3-71

总结

本局的底象形式，除用车赶马外，还要底象与将分开，所谓"门东户西"不在一起，红方就难以入局。

技巧72
车卒逼宫欠行而胜

　　图3-72所示是某年第二届"天龙杯"全国赛中吕钦对胡荣华的实战对局，枰面上是双方以中炮进三兵对三步虎布局奕完第61回合的瞬间阵型。眼下红方单仕，明显黑方势优，但红方多兵，若应付妥当，则有望谋和。此局实战中，红方因误出软手，错失和机，反被黑方车、卒逼宫，以其老练的残棋功夫，妙演了车、卒制中，使红方欠行致负。现轮红方行棋，且看实战过程。

　　如图3-73所示，红方出帅乃欠妥之着，若改走车五平六，再走车六退一控制兵行线，以保护中兵，则有望求和。

　　如图3-74所示，红方此次平兵失去了最后一次谋和的机会。此时红方宜走车五进二，黑方若车3退1，帅六退一，车3退2，兵五进一，卒6平5，车五平六，则黑方难以取胜。

　　如图3-75所示，至此黑方扬士落象，使红方欠行致负。以上回合中黑方车、卒并济，巧妙地制住了红方车、仕，残局奕得颇为精妙，可谓是功夫老练，丝丝入扣，值得欣赏。

1. 帅五平六　（图3-73）　　4. 兵九平八　卒7平6

　车7平5　　　　　　　　　 5. 兵八平七　车5平3

2. 兵九进一　卒9平8　　　　6. 兵七平六　（图3-74）

3. 兵九进一　卒8平7　　　　　车3退1

7. 帅六退一　车3退2

8. 车五平六　卒6平5

9. 帅六进一　士4进5

10. 帅六退一　车3平1

11. 帅六进一　卒5平4

12. 帅六平五　车1进2

13. 帅五退一　车1进1

14. 帅五进一　卒4平3

15. 车六平七　卒3平4

16. 车七平六　卒4平3

17. 帅五平六　卒3进1

18. 车六退一　车1退1

19. 帅六退一　车1平7

20. 兵六平五　车7退1

21. 帅六进一　车7平5

22. 车六进三　象3进1

23. 兵五平四　士5进4

24. 兵四平五

　　象5退3　　（图3-75）

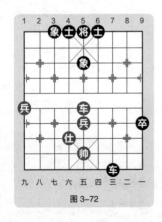

图3-72

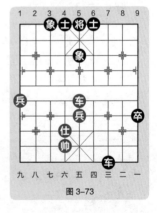

图3-73

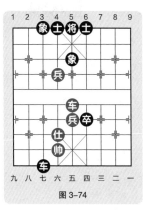

图 3-74

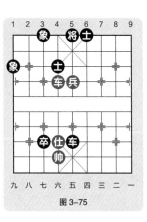

图 3-75

技巧73
各子联攻构佳局

图3-76所示是某年"北方杯"赛中上海胡荣华对黑龙江赵国荣的实战对局，枰面上是双方弈完第43回合的瞬间阵型。此局红方妙用马、双炮、兵，进行各子连攻，着法极为精湛，形成了一个无车攻有车的残局佳构。现轮红方行棋，且看实战过程。

如图3-77所示，红方冲兵弃相之着甚为果断！此时黑方若改走车5进4杀，炮二平四，则红方速胜。

如图3-78所示，红方进炮上二路乃紧着，控制黑将。此时黑方若改走车6平2，炮八退二，红方亦占胜势。

如图3-79所示，红方此着冲兵底线，控制黑将，乃是获胜关键。

如图3-80所示，黑方此时若改走炮7退1，炮二进三，伏炮二平四再马七退六抽车的手段，则黑方胜定。

如图3-81所示，黑方此时若改走炮7退4，炮四平八，炮7平5，相三进五，车6平1，相七退九，车1进1，帅五平六，则黑方不敢吃炮，因红方有马七退八抽车，以下伏炮八进四，红方亦胜。

如图3-82所示，红方扬仕露帅伏杀，乃绝妙之着。黑方若改走车6进1吃炮，则马七退五，士5进4，马五进六，红方亦胜。

如图3-83所示，红方伏马七进六、马六退五、马五退三杀，获胜。

1. 兵三进一
   车5平6　　（图3-77）

2. 炮六平八　车6进2

3. 炮八进四
   士6退5　　（图3-78）

4. 炮八退五　车6进1

5. 炮八进一　车6退1

6. 炮八进一　车6进1

7. 炮八进一　士5进6

8. 兵三进一　炮8退1

9. 兵三进一　士4退5

10. 兵三进一　炮8平7

11. 兵三进一　（图3-79）
    将6进1

12. 炮八进四
    车6平8　　（图3-80）

13. 炮二平四　车8平6

14. 相五进七
    象3退5　　（图3-81）

15. 仕五进六
    炮7平4　　（图3-82）

16. 马七退五　士5退4

17. 马五退七　（图3-83）

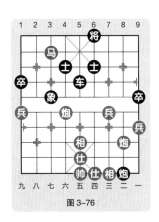

图 3-76

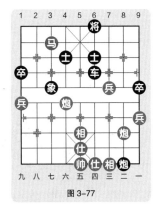

图 3-77

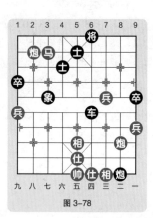

图 3-78

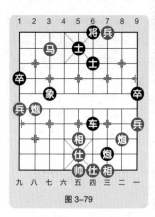

图 3-79

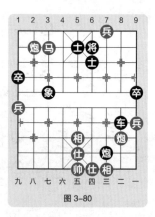

图 3-80

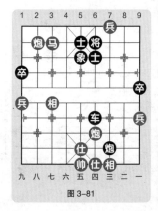

图 3-81

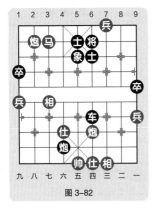

图 3-82

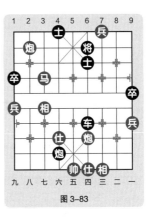

图 3-83

技巧74
双马炮攻杀

图3-84所示是某年"怡莲寝具杯"全国象棋个人赛的第七轮中沈阳金波与北京靳玉砚的实战对局。实战中红方利用先行之利，运子攻杀，最终擒子获胜。现轮红方行棋，且看实战过程。

如图3-85所示，红方进马定将，亦有马三退四集中兵力的攻击手段。

如图3-86所示，红方退炮弃仕，是算准会有较大收获。

如图3-87所示，黑方此时若改走炮5退1，则红方兵三进一渡河，亦是红方大占优势。

如图3-88所示，双方对弈至此，黑方认负。

1. 马五进七　（图3-85）　　3. 炮六退四　（图3-86）
　　士5退6　　　　　　　　　　　炮5进4　　（图3-87）

2. 马三退四　炮8平5　　　　4. 马四退六　（图3-88）

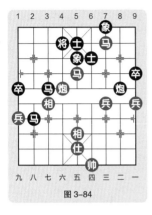

图 3-84

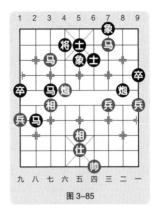

图 3-85

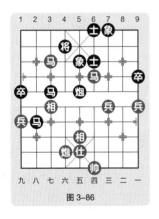

图 3-86

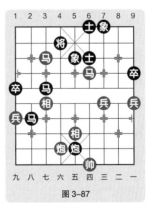

图 3-87

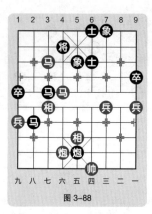

图 3-88

技巧75
马炮兵攻杀

　　马、炮、兵联合攻杀，是实战中常用的基本组合之一。但在具有三个不同子力联合作战的组合中，马、炮、兵的使用难度较大。因为马、炮、兵联合进攻，必须注意三子之间要有机地联系，即马借炮势，炮借马威，以兵制将，以逐步蚕食对方的防守子力，进而合力作杀而取胜。

　　如图3-89所示，是马、炮、兵联手逼杀的初步残局形势。请看实战过程。

　　如图3-90所示，黑方此时若改走将6进1，则红方胜。

　　如图3-91所示，此时黑方若改走车9平8，亦红方胜。

　　如图3-92所示，也唯有这个据点红方才可胜，若改走炮二退七，则黑方势优。

　　如图3-93所示，黑方此时若改走车9平5，则红方胜定。

　　如图3-94所示，眼下黑方若改走将5平4，则红方胜。

　　如图3-95所示，红方此着进马颇堪玩味，是获胜要着。

　　如图3-96所示，红方此着退马可谓是峰回路转，又现奇观。

　　如图3-97所示，红方以后回马驱车，再进马巧杀，弈来精彩纷呈。

　　如图3-98所示，对弈至此，红方胜。

1. 兵二平三
   将6平5 　（图3-90）
2. 马一进三
   将5平4 　（图3-91）
3. 炮二进一 　将4进1
4. 炮二退四 　（图3-92）
   卒6平5
5. 帅六进一 　车9退1
6. 帅六进一
   将4退1 　（图3-93）
7. 马三退五 　将4平5
8. 炮二平五
   士4退5 　（图3-94）
9. 马五进三 　士5进6
10. 马三进四 　（图3-95）

将5进1
11. 马四退六 　（图3-96）
   车9平5
12. 炮五退三 　将5退1
13. 马六退七 　（图3-97）
   将5进1
14. 马七退五 　将5平6
15. 马五进三 　将6平5
16. 马三退四 　将5退1
17. 马四退三 　车5平7
18. 马三退五 　士6退5
19. 马五进四 　士5进4
20. 马四进五 　士4退5
21. 马五进七 　（图3-98）

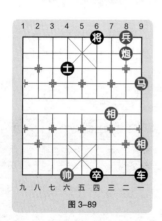

图3-89

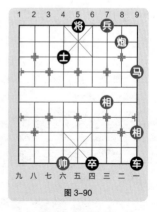

图3-90

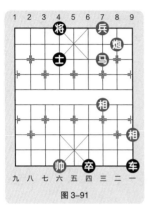

图 3-91

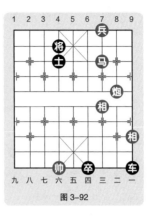

图 3-92

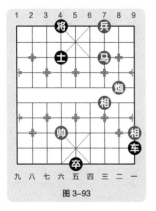

图 3-93

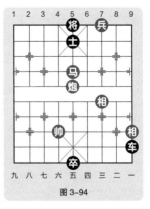

图 3-94

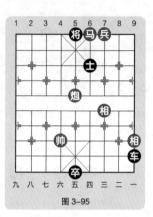

图 3-95

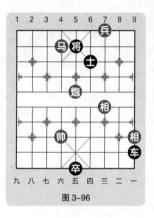

图 3-96

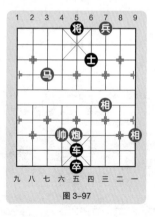

图 3-97

图 3-98

技巧76
马兵攻杀

演示与解说

马、兵联合进攻，通常先用兵逼近九宫，限制对方主将的活动，再用马左右盘旋，来摧毁对方防线，最后借助于帅力攻杀入局。马、兵棋局的特点是子力较少、构图简单，但不乏趣味，颇有实用价值。

如图3-99所示，这是一局马、兵联攻的残局形势，审形可知，此局士、象过于散漫，失去了合作防守的力量，导致结果不能求和。现轮红方行棋，且看实战过程。

如图3-100所示，红方此着退马非常要紧，若先进兵，就不能取胜了。

如图3-101所示，黑方此时若改走将6退1，则马五进三，将6进1，兵三进一，红方捉死象而胜。

如图3-102所示，黑方此着退将意为避免红马照将抽吃象。

如图3-103所示，红方马轧象脚，以后兵渡河，长驱直入，胜定。

1. 马六退五　（图3-100）
　　将6平5　（图3-101）
2. 兵三进一　象7退9
3. 帅五平四
　　将5退1　（图3-102）
4. 马五进三　象9退7

5. 马三进二　象7进5
6. 马二进四　象1进3
7. 马四退三　将5退1
8. 马三退二　士4进5
9. 马二进四　（图3-103）

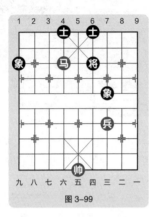

图 3-99

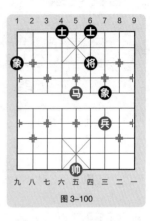

图 3-100

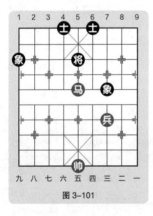

图 3-101

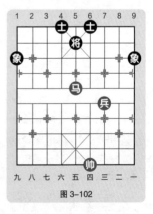

图 3-102

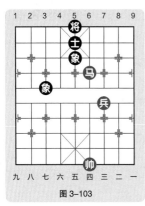

图 3-103

技巧77
炮兵攻杀

炮、兵联合攻杀，一般先用兵控制对方将门，或牵制对方的防守子力，再借助主帅或仕、相的力量运炮攻杀而取胜。炮、兵棋局的特点是内容丰富、技巧性高，在残局胜算中也占有一席之地。

如图3-104所示，审形可知，本局红方空心炮已占优势，再利用主帅助攻，则可以获胜。请看实战过程。

如图3-105所示，红方平帅乃佳着！伏炮五平二沉底的杀着。

如图3-106所示，此时黑方若改走飞象，则有炮二进五，士6进5，兵四进一杀。

如图3-107所示，红方此着平帅，再兵四进一杀，胜定。

1. 兵四进一　象1进3

2. 帅六平五　象3退1

3. 帅五平四　（图3-105）

　　象1进3

4. 炮五平二

　　士6进5　（图3-106）

5. 帅四平五　象3退1

6. 炮二平七　象3进5

7. 炮七平五　象1退3

8. 帅五平四　（图3-107）

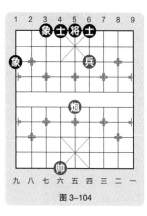

图 3-104

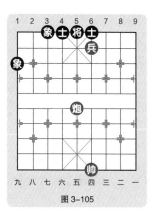

图 3-105

图 3-106

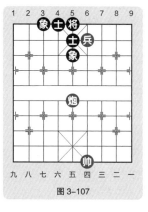

图 3-107

技巧78
马炮攻杀

马、炮联合作战的特点是刚柔并济，一般来说总是优于双马或双炮。马、炮进攻一般先用炮牵制对方防守子力，再以马配合攻杀；或先使马"将军"，控制对方主将的活动，再借助帅力用炮左右闪击，可构成各种各样的"马后炮"杀法。

图3-108所示是马炮攻杀残局开始，众所周知，缺象最怕炮来攻，因此要利用对方双士的矛盾，步步紧逼，以构成杀势。现轮红方行棋，且看实战过程。

如图3-109所示，红方进帅占据中路，进行解杀还杀。

如图3-110所示，红方此着进炮伏杀乃获胜关键。

如图3-111所示，红方这几步马纵横驰骋，体现出主帅先占中路的巨大威力。

如图3-112所示，黑方此时若改走卒4平5，帅五进一，炮4退8，马二退三，再马三进五，则红方照将抽炮而胜。

如图3-113所示，红方出帅助攻，以下黑方只有炮4平9，进行弃炮解杀，然红方马、炮对黑方双卒、双士，胜定。

1. 帅四平五　（图3-109）	6. 马五退三　（图3-111）
炮2平4	将6退1
2. 马七平五　将6退1	7. 马三进二　将6进1
3. 马五进三　将6进1	8. 炮七退一
4. 炮七进五　（图3-110）	士5退6　　（图3-112）
士6退5	9. 炮七平一　卒4平5
5. 马三退五　将6进1	10. 帅五进一　（图3-113）

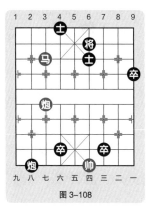

图 3-108

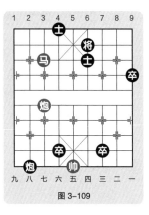

图 3-109

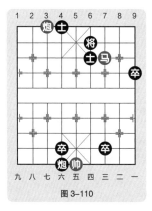

图 3-110

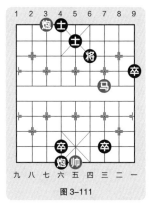

图 3-111

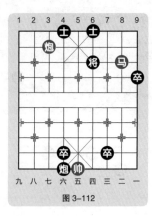

图 3-112

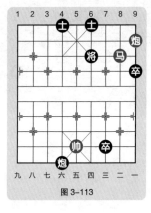

图 3-113

技巧79
贪吃红兵招败局

　　图3-114所示是某年全国联赛中王嘉良对安徽大师蒋志梁的实战对局，枰面上是双方以中炮过河车对屏风马平炮兑车起横车布局弈至第30回合的瞬间阵型。眼下红方马双炮三兵仕相全对黑方车马双士四卒，黑方已缺象，失去防卫能力，此时宜采取"劣则谋和"的战略对策。现轮黑方行棋，且看实战过程。

　　如图3-115所示，黑方此着平卒失察，导致速败。此时宜改走车6平4或车6进1，尚可支撑。

　　如图3-116所示，红方进马叫将，精彩之着，真是一石掀起千层浪。

　　如图3-117所示，黑方平车实属无奈之着！

　　如图3-118所示，双方对弈至此，显而易见，红方胜。

1. 炮七退二
　　卒8平9　　（图3-115）
2. 炮七平五　将5平6
3. 马三进五　（图3-116）
　　车6平5　　（图3-117）
4. 炮五进三　后卒进1
5. 炮五平七　前卒平8

6. 兵五进一　卒9进1
7. 炮七进一　将6进1
8. 兵六进一　马7进8
9. 兵五进一　马8进6
10. 兵五进一　马6进5
11. 兵六进一　（图3-118）

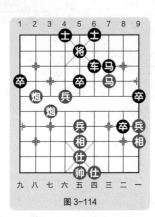

图 3-114

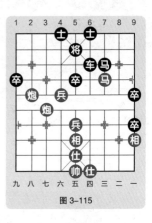

图 3-115

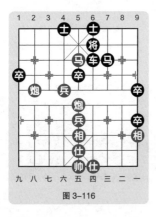

图 3-116

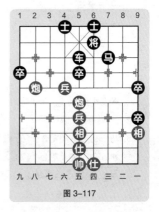

图 3-117

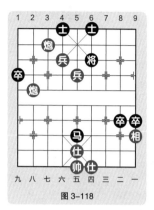

图 3-118

技巧80
三子归边先声夺人

如图3-119所示，眼下黑方车7平5一步成杀，而红方已无力防守，只有寻求进攻，进行最后一搏。现轮红方行棋，且看实战过程。

如图3-120所示，红方此着弃兵乃妙手！此时黑方不能将5平4，因有红方车四进九速胜。黑方亦不能士6进5而吃兵，否则炮一进一，士5退6，车四进九，将5进1，车四退一，则红方进洞出洞胜。

如图3-121所示，此时红方弃兵后车、马、炮三子归边成杀。红方若改走马三进二，黑方可车7退7，红方虽然势优，但无连杀。

如图3-122所示，红方此着直接进车砍士实在精妙！此时黑将不能吃车，因有红方炮一进一而胜，致使黑方有象无飞。

如图3-123所示，红方再退车乃紧着，在逼黑将回营的同时，又可再炮一进一有效地避免黑方车7退7的最后防守。

如图3-124所示，双方对弈至此，红方胜。

1. 兵六平五　（图3-120）　　　　将5进1

　　将5进1　　　　　　　　　　4. 车四退一　（图3-123）

2. 车四进八　（图3-121）　　　　将5退1

　　将5退1　　　　　　　　　　5. 炮一进一　（图3-124）

3. 车四进一　（图3-122）

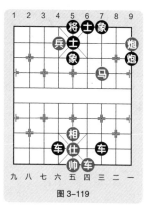

图 3-119

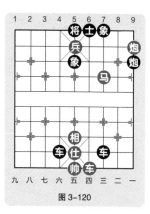

图 3-120

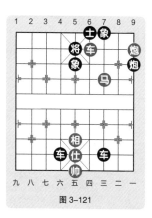

图 3-121

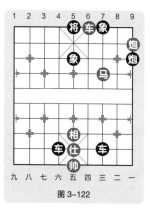

图 3-122

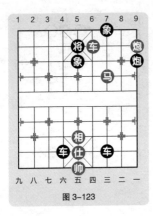

图 3-123

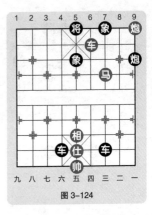

图 3-124

技巧81
双兵联手仕相添威

图3-125所示是某年全国个人赛中柳大华对广东李广流的实战对局，枰面上是双方以中炮七路马对屏风马双炮过河布局弈完第48回合的瞬间阵型。眼下红方净多双兵过河，右边兵（卒）相对，而黑马受控，残缺一象。现轮红方行棋，且看实战过程。

如图3-126所示，黑方此时以将动闲着，反而放任红方双兵前进，如此走势必在"形"上极易受到红方利用。此时黑方宜改走士5退4，虽亦劣势，然防守比较顽强。

如图3-127所示，红方弃兵破士，使黑方藩篱尽毁，可以说是入局的精彩之作。

如图3-128所示，此时红方还伏有炮八退六的杀着，黑方无法解救，故红方胜。

1. 后兵平六　将6平5	8. 兵五进一　将6进1
2. 兵六平五　将5平6	9. 炮一平四　象9进7
3. 兵七平六　将6平5	10. 兵五平四　将6退1
4. 兵六平五	11. 兵四进一　将6平5
将5平6　（图3-126）	12. 炮四平五　象7退5
5. 后兵平四　马8退7	13. 仕五退四　象5进3
6. 兵四进一　马7进8	14. 相三退五　象3退5
7. 兵四进一　（图3-127）	15. 炮五进七　马8进9
士5进6	16. 炮五平八　（图3-128）

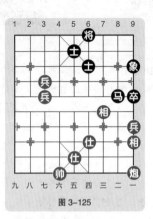

图 3-125

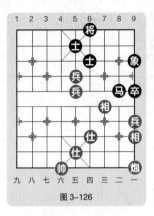

图 3-126

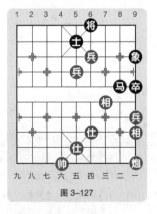

图 3-127

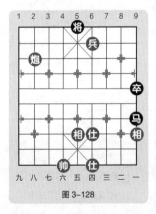

图 3-128

技巧82
走子之机转锋芒

图3-129所示是某年第十届"五羊杯"大赛中柳大华对胡荣华的实战对局，枰面上是双方以中炮横车对反宫马布局弈至第54回合的瞬间阵型。眼下黑方多卒，兵种又好，红方双相失掉联系，炮位不佳，黑方于是选此作为组形的"悬鹄"，借走子之机，将进攻的锋芒转到红方相、兵的争夺上。现轮黑方行棋，且看实战过程。

如图3-130所示，黑方此着平炮攻相选点正确。

如图3-131所示，此着掠相扫兵，为以下的胜利奠定了基础。

如图3-132所示，对弈至此，红方双炮孤仕难以抵挡黑方马、炮、卒的攻势，黑方胜定，余着从略。

1. 炮9平7 （图3-130）	8. 炮1平2　相七退五
相三进一	9. 象7进5　相五进七
2. 马7进9　仕五进六	10. 象5进3　炮六平五
3. 炮7进1 （图3-131）	11. 将5平6　前炮平四
炮六平五	12. 卒6平5　相七退五
4. 马9进7　帅五平六	13. 卒5进1　仕六退五
5. 象5进7　炮四平六	14. 卒5进1　仕四进五
6. 将4平5　炮五退六	15. 卒1进1 （图3-132）
7. 马7退8　相九进七	

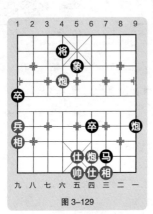

图 3-129

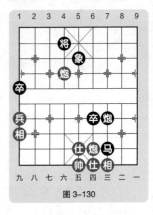

图 3-130

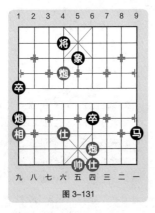

图 3-131

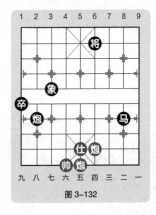

图 3-132

技巧83
飞炮破仕勇攻九宫

演示与解说

　　图3-133所示是某年全国个人赛中李来群对赵国荣的实战对局，枰面上是双方由柔性的对兵布局弈至第37回合的瞬间阵型。眼下双方均为马炮兵（卒）仕（士）相（象）全，实力相当，但黑方马、炮、卒占位极好，因此处于比较有利的进攻态势。实战中，黑方通过巧妙运子组成"攻形"，最终赢得了胜利。现轮黑方行棋，且看实战过程。

　　如图3-134所示，眼下黑方经过平卒赶马、炮镇当头后，马、炮、卒已成互相配合、各起作用、统一行动的战斗组合，组成了有利的"形"，对红方展开了有力的攻击。

　　如图3-135所示，黑方飞炮破仕攻九宫，红方深知已难求和。

　　如图3-136所示，黑方此着退炮乃沉稳机警之着，东敲西击，要比马3退5来得简明而有力。

　　如图3-137所示，黑方此时贴马伏杀，获胜。

1. 卒5平6	马三进一	7. 马2进3	帅五平六
2. 炮6平5	炮二退四	8. 炮4退3	炮二退一
3. 象3进5	马一进三	9. 卒5平4	仕五进六
4. 卒6平5（图3-134）		10. 卒4进1	炮二平六
兵一进一		11. 炮4进4（图3-135）	
5. 士5进6	帅五平六	炮六平四	
6. 炮5平4	帅六平五	12. 炮4平2	马三退五

13. 炮2进2　相七进九
14. 炮2退5（图3-136）
　　相五进三
15. 卒4进1　马五进六

16. 将5进1　炮四进三
17. 炮2进4　炮四平五
18. 将5平4（图3-137）

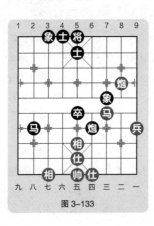

图 3-133

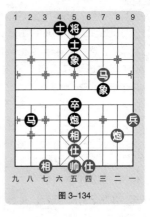

图 3-134

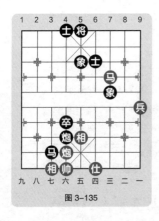

图 3-135

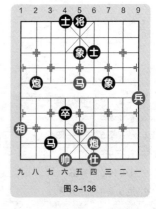

图 3-136

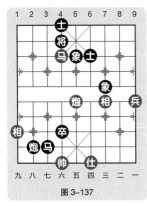

图 3-137

技巧84
巧妙运卒埋伏笔

　　图3-138所示是某年"棋王赛"中香港赵汝权对李来群的实战对局，枰面上是双方以进马对挺七卒布局弈至第107回合的瞬间阵型。眼下红方炮兵缺双相，黑方主炮双卒残一士，然黑方双卒已逼近红方帅门，显然占优势。现轮黑方行棋，且看实战过程。

　　如图3-139所示，黑方将右卒转身左翼冲刺乃正确的"选点"，是"组形"的开端。

　　如图3-140所示，黑方此着扬士乃引诱之着，红方若兵四进一吃士，则变成"老兵"，有可能被吃掉，同时失去防守能力。

　　如图3-141所示，以上黑方调整双象还原，可谓是意味深长，现冲卒及时，为获胜埋下了伏笔。

　　如图3-142所示，眼下黑方双卒已经"到位"，红方此时进炮拦截以防黑方炮6平5，不料以下黑方大展妙手，弃卒破仕、飞象困炮得子胜定。

　　如图3-143所示，对弈至此，红方认负。

1. 卒4平5　炮五进一

2. 后卒平6　炮五退一

3. 卒6平7　（图3-139）

　　炮五退一

4. 象3退5　炮五进一

5. 象3进1　炮五退一

6. 象1进3　炮五进一

7. 士5进6　（图3-140）

　　炮五退一

8. 炮4平6　兵四平三

9. 象5进7　炮五进一

10. 将4平5　炮五退一

11. 象7退9　炮五进一

12. 象9退7　炮五退一

13. 象3退1　炮五进一

14. 象1退3　炮五退一

15. 卒7进1　（图3-141）

　　炮五进三

16. 卒7进1　炮五退三

17. 卒7平6　炮五进一

18. 将5平4

　　炮五进五（图3-142）

19. 卒5进1　仕六退五

20. 象7进5　仕五进六

21. 将4退1　帅五平六

22. 将4平5　帅六进一

23. 将5平4　（图3-143）

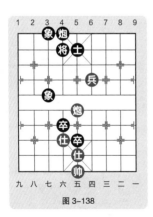

图 3-138

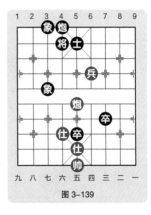

图 3-139

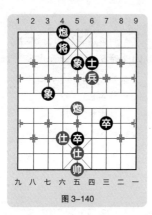

图 3-140

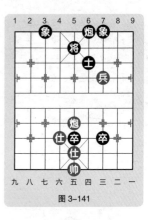

图 3-141

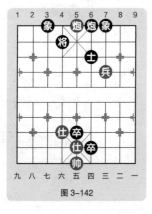

图 3-142

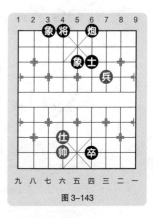

图 3-143

技巧85
攻守兼施演胜局

图3-144所示是某年全国团体赛中王嘉良对内蒙古林忠宝的实战对局，枰面上是双方以飞相对过宫炮布局弈完第42回合的瞬间阵型。眼下双方实力相当，实战中，红方借先行之机，出帅解杀，进行抢先出击，最后妙演胜局。现轮红方行棋，且看实战过程。

如图3-145所示，红方出帅解杀有惊无险，要比车一退六来得积极有力。

如图3-146所示，眼下红方退车捞卒邀兑，乃实惠之着，此时黑方若躲车，则红方炮四平五，黑方亦难逃败局。

如图3-147所示，红方捉炮之着甚为细腻，次序井然。

如图3-148所示，红方退炮可谓攻守兼施，控制了局势。

如图3-149所示，黑方此着平炮招致速败，即使改走上士，红方兵九进一，黑方亦难抵挡。

如图3-150所示，对弈至此，红方胜。

1. 帅五平四	（图3-145）		炮9平7
炮6平7		8. 仕五进四	炮7退1
2. 车五退一		9. 炮六退一	（图3-148）
车5退4	（图3-146）	炮7退5	
3. 车一平五	车8进9	10. 车一平四	士6进5
4. 帅四进一	车8退2	11. 炮六平五	
5. 车五平三	炮7平9	炮7平5	（图3-149）
6. 炮四平六	士5退6	12. 炮五进五	（图3-150）
7. 车三平一	（图3-147）		

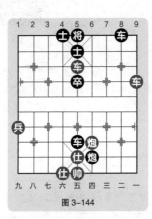

图 3-144

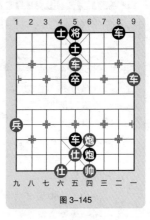

图 3-145

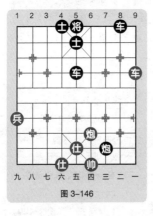

图 3-146

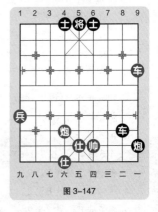

图 3-147

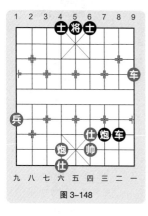

图 3-148

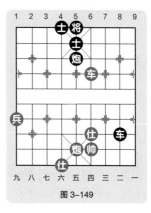

图 3-149

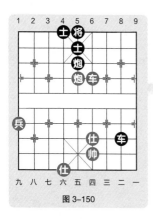

图 3-150

技巧 86
步步紧逼抢先入局

图3-151所示是某年"南北对抗赛"中吕钦对李来群的实战对局，枰面上是双方以中炮两头蛇对反官马布局弈完第58回合的瞬间阵型。眼下双方实力虽然相当，但黑方士、象凌乱显出弱点。红方借黑方弱点持先行之机，以车、马、兵抢先入局，且看实战过程。

如图3-152所示，眼下红方叫将杀士，打开缺口。

如图3-153所示，黑方此时若改走车8进7，帅四进一，马5进6，马四进六，将5平4，兵七进一，车8退1，帅四退一，马6进7，帅四平五，车8进1，仕五退四，车8平6，帅五进一，则红胜。

如图3-154所示，红方进马打将，退车杀士，乃老练之着，干脆利落。此时扬仕形成有杀对无杀，黑方大势已去，遂推枰认负。

1. 车八进五　将5进1

2. 车八平四
   马3退2　（图3-152）

3. 兵九平八　马2退4

4. 相九进七　车7退1

5. 马三退五　马4退5

6. 兵八进一　象7退5

7. 马五进四　车7平8

8. 兵八平七
   马5退7　（图3-153）

9. 马四进六　将5平4

10. 车四退二　车8进7

11. 帅四进一　马7进8

12. 仕五进六　（图3-154）

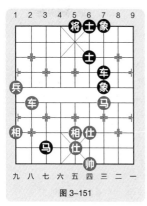

图 3-151

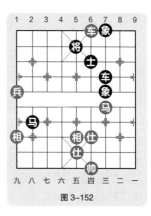

图 3-152

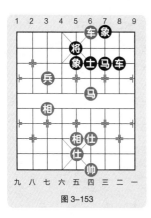

图 3-153

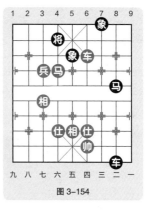

图 3-154

技巧87
双车扑士凌厉攻杀

演示与解说

图3-155所示是1988年第五届"亚洲杯"赛中赵国荣对菲律宾蔡文钧的实战对局，枰面上是双方激战弈完第46回合的瞬间阵型。眼下双方实力相当，互有中炮镇中，又有兵（卒）冲入腹地，形成了激烈对杀的场面。现轮红方行棋，且看实战过程。

如图3-156所示，红方进车乃凶着！这是伏杀士连杀的妙手，异常精彩。

如图3-157所示，此时黑方若改走将5平4，红方则车五平六，再兵七进一弃车妙杀。

如图3-158所示，至此，红方胜。

1. 车四进五	（图3-156）	5. 车五平三	车4退3
炮5平6		6. 车三退六	炮6退3
2. 车四平五	士6进5	7. 兵七平六	车4平5
3. 车二平五		8. 车三进五	将6退1
将5平6	（图3-157）	9. 兵六平五	（图3-158）
4. 车五进一	将6进1		

一学就会的100个象棋实战技巧

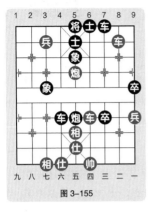

图 3-155

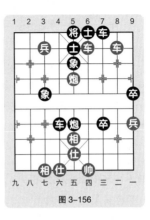

图 3-156

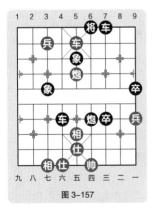

图 3-157

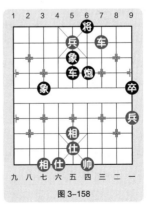

图 3-158

技巧88
兵入九宫车炮显威

　　车、炮、兵联合作战的能力很强。此类进攻时，通常先用炮牵制对方士、象，再以车、兵配合攻杀；或先用炮轰士，再以车、兵残局入局；还可弃兵杀象，形成车、炮联攻的杀势。

　　图3-159所示是某年第三届"三楚杯"赛中柳大华对徐天利的实战对局，枰面上是双方以仕角炮对中炮布局弈完第43回合的瞬间阵型。眼下双方实力虽然相当，但黑方已失双象，卒与兵虽对等，但尚未过河，无法掀起对攻，因此难有作为，而红方却以车、炮、兵联攻，势不可当。现轮红方行棋，且看实战过程。

　　如图3-160所示，红方打马有力，闪出车路意欲发动攻势。

　　如图3-161所示，黑方此时若改走车2平8，炮二平四，马6退8，仕五退六，则红方胜势。

　　如图3-162所示，黑方此时由于车、马受限，因此在急于调整将位时，被红方冲兵入九宫，在乘机破士后，黑方已呈败象。

　　如图3-163所示，红方平炮打车乃精妙之着，巧施牵制，更是获胜的关键。

　　如图3-164所示，黑方此时若改走马4进3，红方车二退八，再飞中相即胜。

　　如图3-165所示，对弈至此，以下红方可兵四平五，待破士后再捉马，胜定。

1. 炮三平二　（图 3-160）

   马 8 退 6

2. 车二进七　将 6 进 1

3. 帅四平五

   车 2 平 1　（图 3-161）

4. 炮二平四　马 6 进 4

5. 兵七平六　车 1 退 1

6. 车二退六　车 1 平 4

7. 兵六平五　士 5 进 4

8. 兵五进一　将 6 平 5

9. 兵五进一　将 5 平 4

10. 兵五平四　（图 3-162）

   马 4 退 2

11. 车二进五　将 4 退 1

12. 兵四进一　车 4 平 9

13. 仕五退四　车 9 平 4

14. 炮四平二　将 4 进 1

15. 车二进五　马 2 进 4

16. 炮二平六　（图 3-163）

   马 4 退 6　（图 3-164）

17. 炮六退一　马 6 退 4

18. 车二平五　车 4 进 3

19. 相五进七　（图 3-165）

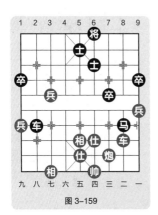

图 3-159

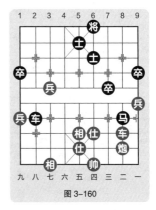

图 3-160

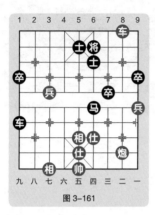

图 3-161

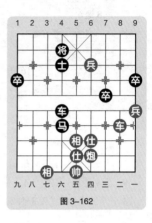

图 3-162

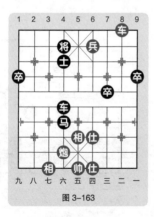

图 3-163

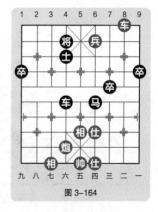

图 3-164

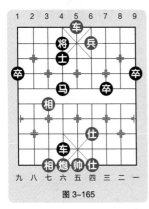

图 3-165

技巧89
四子联合发起总攻

演示与解说

图3-166所示是某年全国团体赛中火车头大师郭长顺对胡荣华的实战对局，枰面上是双方以五六炮进三兵对反宫马布局弈至第51回合时的瞬间阵型。眼下双方子力对等，但红方有残仕的致命弱点，实战中，黑方采取"优则图胜"的策略，各子联攻配合而取胜。现轮黑方行棋，且看实战过程。

如图3-167所示，红方进马胁仕之着"选点"明确，亦是"组形"的开端。

如图3-168所示，黑方此时若急于走马2进4，炮六退四，炮1进5，相五进七，则黑马受困反而难胜。

如图3-169所示，眼下红方双仕被毁，谋和已经无望，而黑方四子联攻，开始"展形"。

如图3-170所示，黑方退炮打兵，乃争先之着。

如图3-171所示，以上黑方双炮追兵之着耐人寻味，致使红方无反扑的机会。

如图3-172所示，黑方联象乃稳健之着。

如图3-173所示，红方弃相显得有些沉不住气，虽同是败势，不如走相七退九不丢相。

如图3-174所示，对弈至此，黑方已吃尽红方仕、相，红方认负。

1. 马4进2 （图3-167）
   炮二平七

2. 炮1进5 （图3-168）
   炮七退五

3. 马2退3 炮六平五

4. 士4进5 帅四进一

5. 炮1退1 炮七进一

6. 炮2平4 （图3-169）
   相五进七

7. 炮4退1 帅四退一

8. 炮1退4 炮五平八

9. 炮4退3 （图3-170）
   炮八进四

10. 象3进1 兵一进一

11. 炮4退1 兵一进一

12. 炮4平6 炮八退四

13. 炮1退1 炮八平五

14. 炮6退1 （图3-171）
    兵一进一

15. 卒5平4 炮七平五

16. 象1进3 （图3-172）
    帅四平五 （图3-173）

17. 卒4平3 兵一平二

18. 卒3平4 兵二平三

19. 将5平4 后炮平六

20. 卒4平5 炮五进一

21. 炮1进6 帅五进一

22. 炮1退1 炮五平六

23. 将4平5 后炮平五

24. 马3进2 帅五退一

25. 马2退4 帅五平六

26. 炮6进3 炮六退三

27. 马4进3 （图3-174）

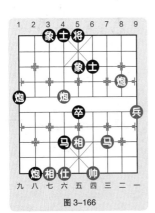

图3-166

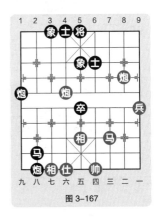

图3-167

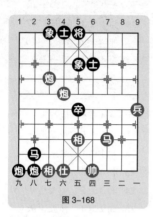

图 3-168

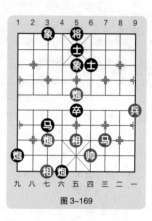

图 3-169

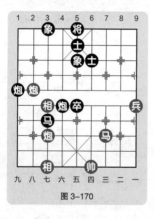

图 3-170

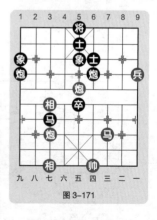

图 3-171

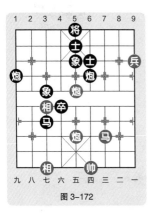

图 3-172

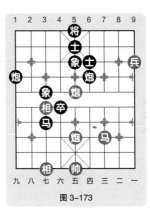

图 3-173

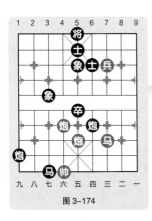

图 3-174

技巧90
弃兵换象冲破防线

图3-175所示是某年全国团体赛中胡荣华对李来群的实战对局，枰面上是双方以五六炮对屏风马进7卒布局弈完第42回合的瞬间阵型。眼下双方子力均等，但红方马、炮占位极好，有双兵逼进，帅位也极为有利，"胜形"已呈。实战中红方积极采用"优则图胜"的战略，冲破对方防线。现轮红方行棋，且看实战过程。

如图3-176所示，红方此着弃兵破象甚为精彩，而且算度深远，亦为"展形"的开始。

如图3-177所示，红方冲兵乃凶着！若是改走马四进六，则将5平4，炮五平六，马5退4，兵七平六，士5进4，兵六进一，将4平5，将成和局。

如图3-178所示，黑方此时进7卒实属无奈！若改走将5平4，兵六平五，伏马四退五，则红方得马胜定。

如图3-179所示，至此，红方得子，胜定。

1. 兵五进一 （图3-176）	5. 兵六平五　卒7平6
象7进5	6. 兵五平四　士5进6
2. 马二退四　炮9平6	7. 马四进六　将5平4
3. 兵七进一 （图3-177）	8. 马六进八　将4平5
炮6进1	9. 马八退七　卒4进1
4. 兵七平六	10. 马七进六　将5平4
卒7进1 （图3-178）	11. 马六进四 （图3-179）

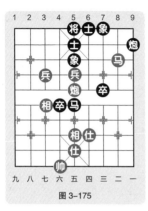

图 3-175

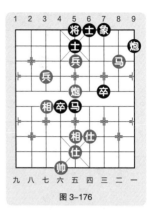

图 3-176

图 3-177

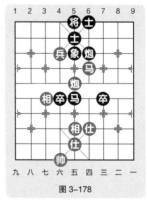

图 3-178

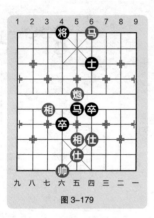

图 3-179

技巧91
灵活调整赢得胜利

图3-180所示是某年"天龙杯"赛中胡荣华对徐天红的实战对局，枰面上是双方以过宫炮对左中炮布局弈完第45回合的瞬间阵型。眼下红方车炮仕相全对黑方车马象，实战中，红方以其老练细腻的着法，灵活地调整仕、相的阵形，最终以车、炮制中而取得胜利。现轮红方行棋，且看实战过程。

如图3-181所示，红方此着平炮打将"选点"正确，亦是车、炮"组形"的开端。若是改走炮五进六贪象，则马7进8，给黑方反扑机会，红方难以进取。

如图3-182所示，红方退车乃稳健之着，以便控制黑马切入。

如图3-183所示，双方经过二十几个回合的角逐，均弈出了很高的水平，此时黑方马占要位，并以车、将为闲，防守无误，使红方取胜的难度增加。而红方运用"残棋炮回家"的技巧，从容调整仕、相位置，为进攻做好了准备。

如图3-184所示，现红炮制中叫杀窥象，发起总攻，开始了"展形"。

如图3-185所示，此时黑方若改走将5平4，炮五平六，将4平5，帅六平五，则红炮胁车，车叫象吃马，黑方亦难逃一负。

如图3-186所示，红方出帅捉死黑马，获胜。

1. 炮五平六　　（图3-181）
　　将4平方
2. 车五退二　　（图3-182）
　　将5进1
3. 炮六平五　　将5平4
4. 炮五平七　　将4退1
5. 相三进五　　象5退7
6. 炮七平六　　车4平5
7. 车五平八　　车5平7
8. 炮六退一　　将4平5
9. 仕五进四　　车7平4
10. 炮六平七　　象7进5
11. 车八平五　　将5进1
12. 仕六进五　　车4进3
13. 炮七退一　　车4平5
14. 车五平八　　车5平6
15. 车八进五　　将5退1
16. 车八平六　　车6进1
17. 车六退四　　将5进1
18. 车六平三　　将5退1
19. 帅五平四　　将5进1
20. 炮七平五　　车6退4
21. 帅四进一　　将5平6

22. 车三退二　　车6进4
23. 帅四退一　　将6退1
24. 相五进三　　车6退4
25. 相三进一　　将6进1
26. 相一进三　　将6退1
27. 车三进一　　（图3-183）
　　将6进1
28. 车三平五　　将6退1
29. 相七进五　　将6进1
30. 相五退三　　将6退1
31. 相三进一　　将6进1
32. 炮五平七　　将6退1
33. 帅四平五　　将6进1
34. 帅五平六　　象5退3
35. 帅六进一　　车6平4
36. 仕五进六　　象3进5
37. 炮七平五　　（图3-184）
　　将6平5
38. 车五进二
　　车4平3　　（图3-185）
39. 车五平六　　马7进5
40. 车六退一　　车3进6
41. 帅六进一　　（图3-186）

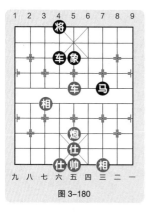

图 3-180

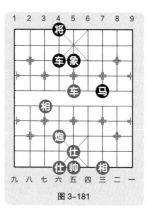

图 3-181

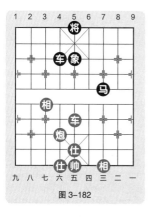

图 3-182

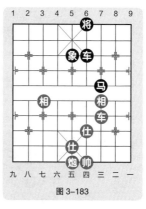

图 3-183

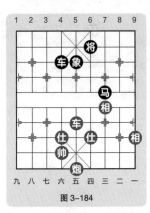

图 3-184

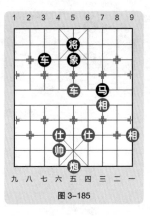

图 3-185

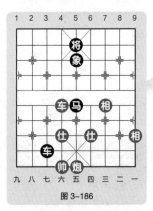

图 3-186

技巧92
车马联合大显身手

演示与解说

俗语有"车能四方指顾,马有八面威风"。车与马联合进攻,一般称作"车马冷着"(所谓"冷着",即杀法精彩,令对方防不胜防)。车与马联合的攻杀技巧,是象棋实战中一个重要的基本功。掌握车马杀法的战术要领,必将对提高棋艺大有裨益。

图3-187所示是某年"百岁杯"赛中柳大华对胡荣华的对局,枰面上是双方以飞相对过宫炮布局酣斗至第45回合的瞬间阵型。眼下红方车马仕相全对黑方车三卒双象,显而易见,黑方难以战和。实战中红方持先行之利,妙用车马冷着令黑方防不胜防。现轮红方行棋,且看实战过程。

如图3-188所示,红方平车捉车乃正着,并为马开辟道路。

如图3-189所示,红方抢中路打将,乃紧要之着。

如图3-190所示,红方进马盘中侵扰,这着使黑方顾此失彼,此时黑方若车9平6,则红方兵一进一,黑方必败。

如图3-191所示,红方此时车、马运攻,掠去双象,已然形成胜局。

如图3-192所示,至此,红方胜。

1. 车四平九　（图3-188）　　6. 车九进三　将4退1
　 车3退5
2. 马二进一　车3平9　　　　7. 车九退三　将4进1
3. 马一退三　将5平4　　　　8. 车九平六　将4平5
4. 车九进一　将4退1　　　　9. 车六平五　（图3-189）
5. 车九退三　将4进1　　　　　 将5平4

10. 马三进五　（图3-190）
　　车9进2
11. 马五退四　象7退5
12. 车五进二　车9平6
13. 车五平七　将4平5
14. 马四退六　将5平6
15. 车七平一　（图3-191）
　　车6退2

16. 马六进七　车6退1
17. 车一进一　将6退1
18. 马七退六　车6进1
19. 马六进八　车6进3
20. 马八退七　车6退4
21. 车一进一　将6进1
22. 车一平五　（图3-192）

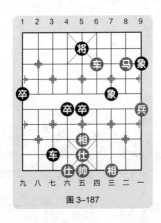

图 3-187

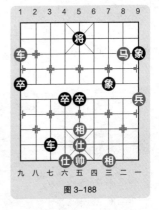

图 3-188

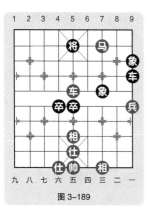

图 3-189

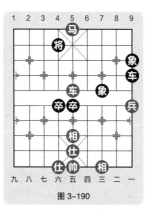

图 3-190

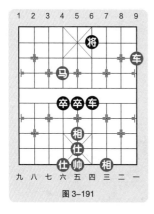

图 3-191

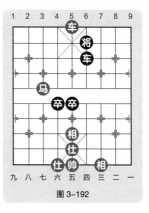

图 3-192

技巧93
运炮抢攻捷足先登

演示与解说

　　图3-193所示是某年全国个人赛中柳大华对辽宁大师卜凤波的实战对局，枰面上是双方以仙人指路对过宫炮布局弈完第73回合的瞬间阵型。眼下红方马、炮、双兵实力占优，但黑方马、卒逼宫气势汹汹，因此双方各有顾忌。实战中红方算度精准，运炮强攻，最终捷足先登，赢得胜利。现轮红方行棋，且看实战过程。

　　如图3-194所示，红方进兵卡肋，为以后攻杀埋下伏笔。

　　如图3-195所示，黑方拦炮是必走之着，以防红方架中炮打将的攻势。

　　如图3-196所示，红方运炮抢攻叫杀，精彩入局。

　　如图3-197所示，红方解杀还杀，终胜。

1. 兵三平四	（图3-194）	5. 兵七进一	卒5进1
马4进3		6. 炮八进五	（图3-196）
2. 帅五平六	马3退2	马3进4	
3. 帅六退一		7. 马四进六	马6退4
马2退3	（图3-195）	8. 兵七进一	士5退4
4. 兵七进一	卒5进1	9. 马六进八	（图3-197）

一学就会的100个象棋实战技巧

图 3-193

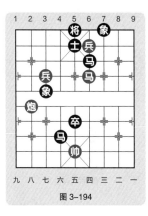

图 3-194

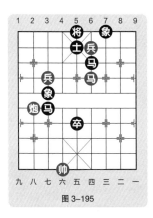

图 3-195

图 3-196

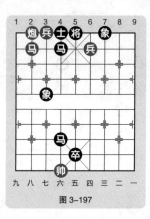

图 3-197

技巧94
中兵发威细微致命

演示与解说

图3-198所示是某年全国赛中胡荣华对云南大师何连生的实战对局，枰面上是双方以飞相对过宫炮布局弈完第31回合的瞬间阵型。眼下黑方车、炮位置不佳，而且中路空虚，红方在实战中借黑方弱点发挥中兵威力，及时破象，运用车、炮主攻，终于谋子取胜。现轮红方行棋，且看实战过程。

如图3-199所示，红方中兵破象乃制胜要着，大有"一兵之微，足以致命"之势。

如图3-200所示，此时红方吃象后伏抽杀手段，黑方已很难应付了。

如图3-201所示，此时黑方若改走炮1进2，仕五进六，车1进1，炮三退三，卒9进1，炮三平六，将4平5，相五退三，车1平5，炮六平五，则红方胜。

如图3-202所示，红方此时叫杀显得顿挫有力，也由此得炮而奠定胜局。

如图3-203所示，至此，红方胜定，余着从略。

1. 兵五进一　（图3-199）
　　象7进5

2. 炮八平五　士4进5

3. 车六进一　车1进2

4. 车六平五　（图3-200）
　　将5平4

5. 车五平七　炮3平1

6. 炮五平三
　　卒1进1　（图3-201）

7. 车七进一　（图3-202）
　　士5进6

8. 炮三进五　士6进5

9. 车七进一　将4进1

10. 炮三平九　卒1进1

11. 车七退一　将4退1

12. 炮九平八　车1平2

13. 炮八平九　卒9进1

14. 车七进一　将4进1

15. 车七退五　将4退1

16. 炮九退四　卒1平2

17. 炮九平六　（图3-203）

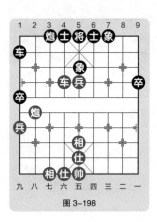

图 3-198

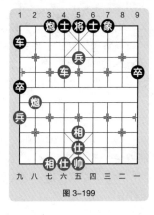

图 3-199

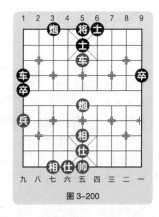

图 3-200

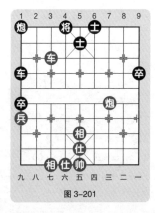

图 3-201

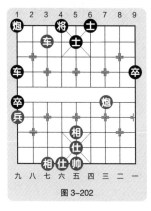

图 3-202

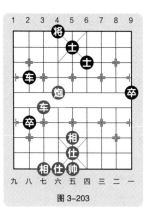

图 3-203

技巧95
兵贵神速奇袭底线

一学就会的100个象棋实战技巧

图3-204所示是某年"王冠杯"赛中李来群对赵国荣的实战对局，枰面上是双方以对兵局布局弈完第19回合的瞬间阵型。眼下双方虽然实力大体均等，但对比之下，红方兵种较好，而黑方右翼空虚，实战中，红方仗先行之机，针对黑方弱点奇袭底线，一举掠光士、象而告捷。现轮红方行棋，且看实战过程。

如图3-205所示，红方此着进车叫杀是步好棋，"选点"明确。此时若改走炮五平八，黑方将5平6，以后有车7平5对攻之着，则纠缠不休。

如图3-206所示，此时黑方进卒是背水一战，因无法保士，只好如此。

如图3-207所示，经过红方的连消带打，巧妙杀士斩象兑车之后，黑方已是藩篱尽毁。

如图3-208所示，红方平车乃紧要之着，抢占要点，控制马路。

如图3-209所示，至此，红方胜定，余着从略。

1. 车七进八　（图3-205）　　5. 车五平一　卒4进1
   将5平6　　　　　　　　　　6. 车一进一　卒4进1
2. 车八进六　象5退3　　　　　7. 车七平六　车4退5
3. 车八平七　　　　　　　　　　8. 车一平三　将6进1
   卒4进1　（图3-206）　　　9. 车三平六　（图3-207）
4. 后车平五　车7平4　　　　　　卒4平5

10. 仕四进五　卒9进1
11. 车六退一　将6退1
12. 车六平二　（图3-208）
　　　车6退1
13. 车二退五　卒7进1
14. 车二平三　车6平7

15. 车三平四　将6平5
16. 兵五平四　卒7进1
17. 炮五退四　卒7平6
18. 车四平五　将5平6
19. 炮五平四　马9退7
20. 兵四平五　（图3-209）

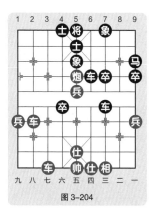

图 3-204

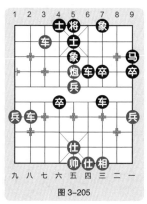

图 3-205

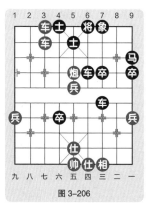

图 3-206

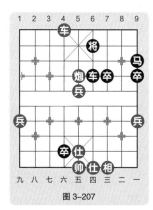

图 3-207

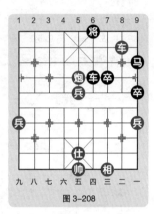

图 3-208

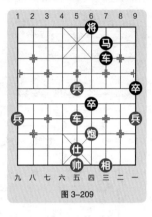

图 3-209

技巧96
误出软手前功尽弃

图3-210所示是某年全国联赛中吕钦对赵国荣的实战对局，枰面上是双方以中炮七路马对屏风马双炮过河布局弈至第44回合的瞬间阵型。眼下双方互斗车、马、兵（卒）残棋，目前红方多兵缺双相，而黑方车、马、卒占位得势，已有入局之感。现轮黑方行棋，且看实战过程。

如图3-211所示，黑方平车捉兵胁仕，看似不错，实则错失胜机，是一步软手。

如图3-212所示，黑方此着回象求胜心切，不如车7退5而兑车，以试探红方应手。

如图3-213所示，红方冲卒企图对杀，然未能如愿，似应改走士5进4去兵为宜。

如图3-214所示，至此，黑方已无法解救红方马九进七和车二进三的两种杀着，红方胜定。

1. 仕五进四
   车7平6　（图3-211）
2. 兵四进一　车6退6
3. 仕六进五　车6进5
4. 马九进八　车6平7
5. 仕五进六　卒2平3
6. 车二进三
   象5进7　（图3-212）
7. 兵六进一

　　卒3进1　（图3-213）
8. 兵六进一　车7退4
9. 车二退四　象7进5
10. 车二进四　士5退6
11. 兵六进一　将5进1
12. 车二退三　卒3平4
13. 马八退九　车7进8
14. 帅五进一　车7退1
15. 帅五退一　（图3-214）

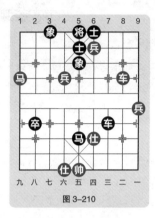

图 3-210

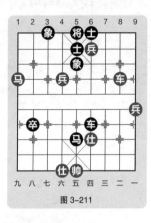

图 3-211

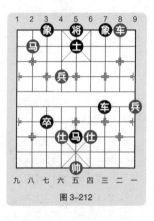

图 3-212

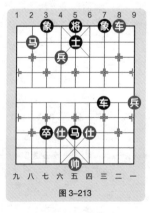

图 3-213

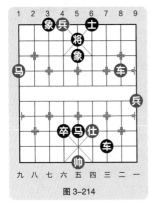

图 3-214

技巧97
巧用棋规化险为夷

　　图3-215所示是"泓弈杯"象棋网络大奖赛中的实战对局，枰面上是双方由五七炮进三兵对屏风马变化而来的，眼下黑方有两个通头卒，而红方不宜久战，因此时红方的目标是谋和。实战中红方抓住战机，巧用规则争得了和棋。现轮红方行棋，且看实战过程。

　　如图3-216所示，红方进炮打卒有所预谋，知道黑方不会让打，是为下一步做准备。

　　如图3-217所示，黑方此时可炮5进1，马七退六，将4平5，兵三进一，卒9进1，马六进七，将5平4，马七退八，将4进1，兵三平四，马5进4，兵四进一，卒1进1，兵四平五，象5进7，兵五平六，士5进4，兵六进一，将4平5，黑方少一士，多一卒，看似双方互有顾忌，实则黑方较有发展潜力。

　　如图3-218所示，红方退马叫杀，意在试探黑方，看黑方是将4平5还是将4进1。

　　如图3-219所示，此时黑方若将4进1，马八退七，炮5平9，马七进六，士5进4，马六进八，将4平5，炮六平五，卒9进1，炮五退一，卒1进1，马八退七，炮9平4，马七退九，则黑方失卒后成和势。

如图3-220所示，对弈至此，一将一叫杀，依照规则，和棋。

1. 炮六进一　（图3-216）
   卒9进1　（图3-217）
2. 马七退八　（图3-218）
   将4平5　（图3-219）
3. 马八进七　将5平4

4. 马七退八　将4平5
5. 马八进七　将5平4
6. 马七退八　将4平5
7. 马八进七
   将5平4　（图3-220）

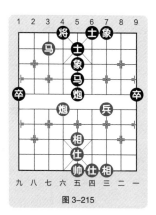

图3-215

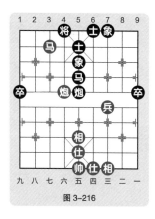

图3-216

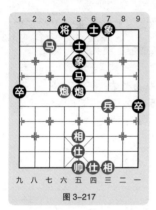

图 3-217

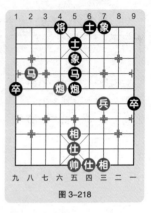

图 3-218

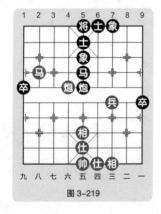

图 3-219

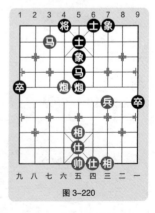

图 3-220

总结

　　本局看似平淡，实则值得回味与思考。读者至少应该总结三方面内容：第一，规则是综合棋力的一部分，在一些局面下，劣势方可以抓住机会利用规则，使自己转危为安，化险为夷，而优势方则需要防备劣势方利用规则谋求和棋；第二，变着求变可以求胜，但自身也会有风险，即风险与机遇共存；第三，大多数比赛中，在最后局面红方要懂得变着，至于变着以后可能出现什么局面，也要有心理准备。

技巧98
左右夹击夺胜局

演示与解说

　　图3-221所示是某年全国团体赛中柳大华对解放军马迎选的实战对局，枰面上是双方以中炮横车对反宫马布局弈完第58回合的瞬间阵型。眼下双方虽然大子相等，但黑方将位受攻，因此实战中红方抓住战机，及时平炮构成了左右夹击之势，一举夺得胜局，且看实战过程。

　　如图3-222所示，此时红方平炮、进炮打车，跃马盘中，明显攻势逐步紧迫，而黑方已感被动。

　　如图3-223所示，此时黑方若改走象5进3，则兵七进一，马9退8，车三退二，炮2平7，炮八进二，抽吃马，则红胜定。

　　如图3-224所示，红方此着平车着实老练！若急于兵七进一，则黑马9进8逼兑求和。

　　如图3-225所示，黑方此时若改走炮6进2，则炮八进二，士5进6，兵七平六，黑亦难应付。

　　如图3-226所示，以下续走将6退1，马五进四杀，红方胜。

1. 炮七平八	炮1平2	7. 车三平二	（图3-224）
2. 炮八进三	车7退1		炮2平6
3. 马七进五		8. 马三退五	车7平9
	马7退8　（图3-222）	9. 兵七进一	
4. 马五进三	马8进7		马9退7　（图3-225）
5. 车二平三	马7退9	10. 炮八平四	炮6平5
6. 兵六平七		11. 车二退一	（图3-226）
	象5进7　（图3-223）		

一学就会的100个象棋实战技巧

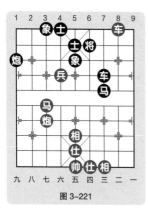

图 3-221

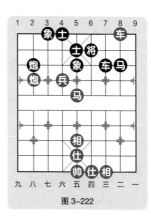

图 3-222

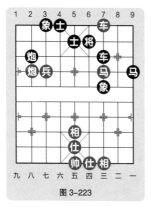

图 3-223

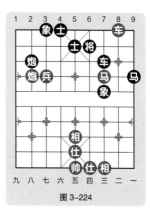

图 3-224

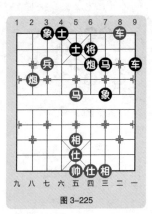

图 3-225

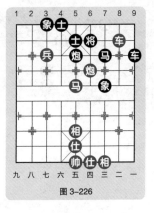

图 3-226

技巧99
车炮冷着有韧劲

　　图3-227所示是1989年全国团体赛中云南大师何连生对吕钦的实战对局，枰面上是双方以中炮横车七路马对屏风马布局弈至第45回合的瞬间阵型。眼下红方有缺相的弱点，实战中黑方正是抓住了这一弱点，而以车炮冷着，破仕入局。现轮黑方行棋，且看实战过程。

　　如图3-228所示，黑方平炮叫闷，试探应手，并伏有炮2进2牵制。

　　如图3-229所示，此时红方若改走帅五平四，黑方炮2进2，红方将有失子，退仕则伏车四进一兑车，黑方就不能炮2进2。

　　如图3-230所示，红方此着平帅实属无奈，因为黑方有车5平6叫抽的手段。

　　如图3-231所示，此时红方若改走帅五平六，黑方炮5平4，再退炮支士叫将，则红方亦难应付。

　　如图3-232所示，至此，黑方弃炮再车5平6杀，获胜。

1. 炮6平2　（图3-228）
　　仕五退四　（图3-229）
2. 车7平4　马六进四
3. 车4平5　仕六进五
4. 炮2平6　马四退二
5. 炮6平5

　　　帅五平六　（图3-230）
6. 车5平4　仕五进六
7. 车4进4　帅六平五
8. 车4平5
　　仕四进五　（图3-231）
9. 车5退4　帅五平四

10. 车5进5　马二进一

11. 炮5平6　车四平七

12. 车5退5　车七平二

13. 炮6退1　马一进二

14. 士5进6　（图3-232）

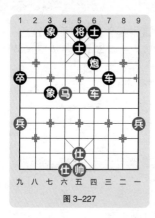

图 3-227

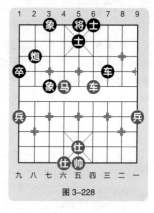

图 3-228

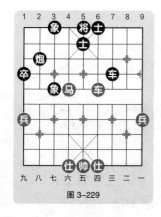

图 3-229

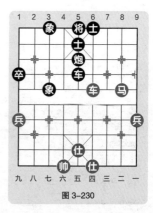

图 3-230

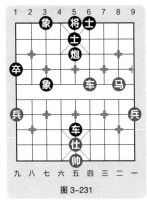

图 3-231

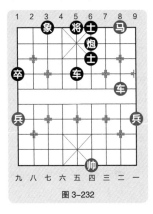

图 3-232

技巧100
困马围城精彩取胜

　　图3-233所示是1979年全运会预赛中杨官璘对四川大师陈全兴的实战对局，枰面上是双方以中炮进三兵直横车对屏风马左炮封车布局弈完第67回合的瞬间阵型。眼下红方马炮双兵仕相对黑方双马士象全，当属可胜形势。实战中红方巧运马、炮、兵，施展困术，妙用牵制，最终一举获胜。现轮红方行棋，且看实战过程。

　　如图3-234所示，红方架中炮而不顾边相之着十分有力，意在中路取势。

　　如图3-235所示，红方控制黑方进将，紧牵其马。

　　如图3-236所示，红方此着平炮乃紧着，形成了"肋炮卧槽马"的攻势，困住黑马的活动。

　　如图3-237所示，此时黑方进将丢士实属无奈，因红方伏有马八退七捉死马。

　　如图3-238所示，此着平中兵极妙！此时黑方若续走士6进5，则兵五进一，后马退5，马五进四，将5平6，兵六平五，红方亦胜。

1. 炮四平五　（图3-234）
　　马2进1

2. 马五进六　将5平4

3. 马六进八　马1退3

4. 炮五进一　马3进2

5. 帅六进一　马2退3

6. 帅六退一　马3退5

7. 兵一平二　士5进6

8. 马八进七　（图3-235）
　　士6退5

9. 兵二平三　士5进4

10. 炮五平六 （图3-236）
　　将4进1

11. 炮六进二　象5进7

12. 马七退八　马5进3

13. 炮六退二
　　将4退5 （图3-237）

14. 马八进六　马4进5

15. 马六退五　马3退4

16. 炮六平九　马4退3

17. 兵八平七　将5平6

18. 兵三平四　马5进3

19. 兵四进一　将6平5

20. 兵七平六　将5退1

21. 兵四平五 （图3-238）

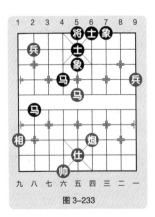

图 3-233

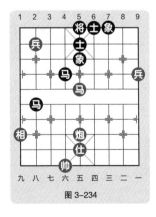

图 3-234

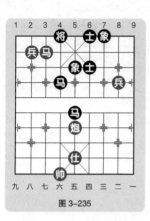

图 3-235

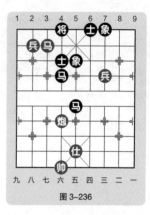

图 3-236

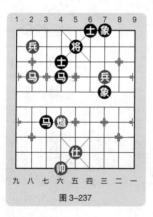

图 3-237

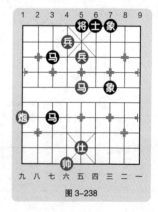

图 3-238